說話看場合，做事看時機，成敗看選擇，打造一雙勝利者的火眼金睛

瞄準靶心
再扣扳機

U0075454

60%

做事的眼光不只要投向他人，還要注重對自身的審視
從今天開始，培養「知己知彼」的好眼力！

◎遇上壞同事，每天上班就等著被他坑？
◎遇上假房東，下班回家發現人去樓空？
◎遇上廢主管，就跟他一起當薪水小偷？　　　　　李祐元，劉清明 編著
◎遇上渣戀人，就只有我被騙財又騙色？
故事有先見之明，做人有自知之明，你的前途將一片光明！

目錄

目錄

第五章　選對工作不瞎忙

第六章　機會面前目光如炬

目錄

第九章　辦事也須練眼力

第十章　小心行路防陷阱

目錄

前言

　　人人都想成就一番事業，真能實現這個願望的話，自己也覺得不枉在這滾滾紅塵中走過一回。但這個美好的願望並不是任何人都能夠實現的，只有少數人能在人生的征途上一路過關斬將，建功立業，更多的人則徘徊在平庸與失敗的邊緣。

　　個人面對的舞臺越來越寬闊，誰甘於平庸？誰甘於失敗？「成事不足」是平庸者心中永遠的痛，「敗事有餘」是失敗者心中永遠的傷。這種徹骨的傷痛，有時甚至超越了平庸與失敗本身。

　　究竟怎樣才能成就事業，在人生的舞臺上成為一個人人尊重和景仰的成事者？

　　有一位鄉下年輕人，在一家小工廠當搬運工人，月薪兩萬多元。一天，他在街上看到各式各樣的招牌，它們要麼鏽跡斑斑，要麼缺筆少畫，而這些破舊的招牌與美麗的城鎮是如此不協調。此時，他也看到了財富在向他招手，看到了自己的未來。他當即辭掉工作，湊了幾萬元的資本做起了招牌美化的生意。如今，他已經是一個擁有多家招牌美化公司的大老闆了。

　　破舊的招牌每個城市都有，人們早已司空見慣，可有誰看到了其中潛在的龐大商機？只有這個年輕人用他成事的眼光看到了。成功女神怎麼會不青睞他呢？不過，這個年輕人的

9

前言 ─────────────

眼光雖然敏銳，創業過程中也曾因一次看走眼，險些為自己帶來「滅頂之災」——他重用的經理將他公司的所有流動資金捲跑。這次沉痛的教訓，更使他明白了看人、識人的重要性。

成就一番事業，固然與一個人的性格、能力、勤奮、機運、膽量、韌性等許多因素息息相關，但其中有一個最重要的因素——眼光。沒有成事的眼光，其他成事的因素再完備，個人成事的機率也會大減；反之，則成事的機率會倍增。

成事的眼光不單要投向外物、他人，還要注重對自己的審視。成事的眼光是一種知己知彼的眼光，代表一種大智慧。

「借我一雙慧眼吧！讓我把這紛擾看個清清楚楚、明明白白、真真切切。」是的，人生的許多事情總是讓人難以看清、看透，但又有誰會借你一雙慧眼呢？你只能依靠自己。努力培養和運用成事的眼光，你就會智慧叢生，輕鬆寫意；努力培養和運用你成事的眼光，你就會在成事的路上條理分明，舉重若輕！

編者

第一章　先把眼光對準鏡子

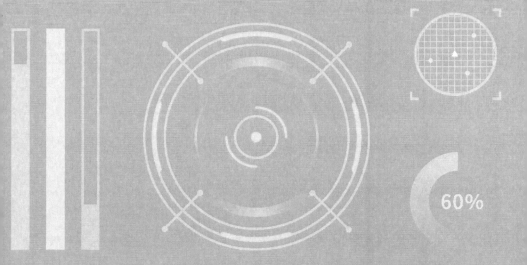

60%

李小龍一生只拍攝了四部電影，分別是《唐山大兄》、《精武門》、《猛龍過江》、《龍爭虎鬥》，全是賣座的作品。他在拍攝第五部作品《死亡遊戲》時，不幸英年早逝，真是天妒英才。

這部《死亡遊戲》，李小龍僅拍攝了約三分之一。事實上，雖然電影已經開拍，但劇本卻尚不完整，李小龍心目中的構思是：他飾演的角色進入死亡塔，要上塔的最高層（第五層）獲得一樣寶物。

在第一層，李小龍要迎戰 50 位高手，這段戲還沒有拍攝。第二層到第四層的戲已經拍攝好了。在第二層到第四層，他分別戰勝了合氣道宗師池漢載、詠春派高手、伊諾山度（Daniel Arca Inosanto）等武林高手。當然，故事的結局是李小龍把所有高手都打敗了，獲得寶物。

雖然在第五層的對手還沒確定，但「寶物」已經確定了。據說該件「寶物」展現了李小龍具有哲學意味的構思：當他打開寶盒時，裡面原來是一面鏡子，鏡身鑄了四個字：「認識自己」。

要有自知之明

在雅典德爾菲的阿波羅神廟門廊的一塊石板上，刻著這樣一句話：「認識你自己。」此言平實而充滿哲理，耐人尋味。

要認識自己，並非易事，正如一位著名科學家所說：「認識

自己、認識社會都不容易，但最困難的是認識人類本身，尤其是認識自己。」現實生活中妄自尊大或妄自菲薄、自我膨脹或自輕自賤者大有人在，實際上這些人都沒有正確認識自我。

我們常說做人做事要有「自知之明」，然而這四個字說來容易做來難。要做到既不高估自己、又不低看自己，實在有相當的難度。

在伊索寓言裡，有一則關於青蛙的故事：一隻小青蛙外出時，看見一頭牛。回家後，小青蛙告訴媽媽，牠看見一隻「哞哞」叫的動物，那隻動物肚子很大。

青蛙媽媽吸了一口氣，問小青蛙：「牠有這麼大嗎？」

小青蛙搖了搖頭。

青蛙媽媽再次使勁的把肚皮鼓起，問小青蛙：「現在呢？」

「還小得多呢。」小青蛙說。

青蛙媽媽不服氣，又猛吸了一口氣，把肚皮撐著像個皮球：「難道比我現在還……」青蛙媽媽的話沒說完，氣就從牠的肚皮上洩出來了 —— 牠的肚皮撐爆了。

寓言中這隻不知自己有多大的青蛙媽媽，因為自己的無知而失去了生命。而在另外一個寓言中，一隻鷹卻因為認清自我而展翅翱翔。

有一隻小鷹從小就在雞群裡長大，牠一直以為自己不能飛翔。一次，牠在河邊無意中看到水裡的倒影，發現自己和天空中的鷹一模一樣，於是牠每天苦練飛翔，終於有一天，牠飛離

了雞群，翱翔於藍天白雲之間，俯視眾生。

大衛・布朗（David Brown）是美國最賺錢的電影製片商之一，但他曾三次被解僱。

在好萊塢，他曾一躍成為二十世紀福斯公司的第二號人物，直至他導演《埃及豔后》（Cleopatra）。不料這部電影極不賣座，接著公司大裁員。於是，他第一次被解僱。

在紐約，他在一家出版社擔任副總編輯，但因他在工作中與一個不學無術的門外漢發生衝突，他第二次遭受失業。

後來他又返回加州，被重新任命為二十世紀福斯製片廠的高層職務。後來，因董事會不喜歡他提議所拍攝的幾部影片，他再一次被炒魷魚。

經過三次失敗，布朗開始認真思索他的工作風格，重新審視自己。他認為自己在做事時一向敢言，肯冒險，喜歡憑直覺處事，遇事有獨到見解，這些都是決策者所必需的特質，是老闆的作風，但不是身為員工該有的行為。他意識到自己不適合在大機構裡服務，於是他自立門戶，拍攝了許多電影。

事實證明，布朗是個天生的企業家，他在別人手下做行政管理人員之所以失敗，是因為他的潛力和特長無法得到發揮。他的成敗經歷告訴我們，要客觀、正確和全面的認識自己，才能揚長避短，做出合乎實際的選擇。

一個人所從事的事業和在事業中所扮演的角色要和自己的個性、風格、興趣、能力及價值觀相吻合。如果不了解自己具

有何種能力、屬於何種類型的人才，就不能做出正確的判斷與
選擇。不了解自己的人，不僅事業上沒有起色，而且還會不自
覺的浪費自己寶貴的天賦。

　　美國曾有人把一些工科學生的個性、學習成績、智商與他
們畢業 5 年後的收入做比較，結果顯示，事業成功和個性的
關聯居中，和智商的關聯最低，和學業成績的關聯最高。調查
者以個性適合與否為標準，把工科畢業生分為適合和不適合兩
種，調查結果顯示，個性適合的畢業生平均收入為 3,000 美元，
個性不合適的畢業生平均收入為 2,076 美元。調查者又以智商
的高低為標準，把畢業生分為 A、B、C 三類，調查結果發現，
A 類畢業生平均收入為 2,400 美元，B 類畢業生為 2,500 美元，
C 類畢業生為 2,100 美元。

　　調查顯示，個人能否成功，個性是關鍵因素。智商高的人
的個性如果不適合自己的工作，他的升遷機會甚至會少於智商
比他低的人。

　　古人云：「人之才行，自昔罕全，苟有所長，必有所短，若
錄長補短，則天下無不用之人；責短捨長，則天下無不棄之士。
人無完人，金無足赤，若用己所長，中人也會成事，若用己所
短，高也會見絀。」

　　清代詩人顧嗣協在他的〈雜興〉詩中也對此有過比喻：「駿
馬能歷險，犁田不如牛，堅車能載重，渡河不如舟。捨長以就
短，智者難為謀，生材貴適用，慎勿多苛求。」每個人的才能

是有限的，然而每個人都會有自己的長處，關鍵在於你是否能認清自己。

著名的科普作家艾西莫夫（Isaac Asimov），是美國波士頓大學生物化學教授，但他在分析自己的才能時認為：「我絕不會成為一流的科學家，但是我可能成為一流的作家。」因而他選擇了創作科普讀物。果然，據統計，40 餘年間，他寫的書多達 240 部，而他在科學研究方面的成就卻微不足道。當然，豐厚的版稅收入令他過上了優渥的生活。

偉大的物理學家愛因斯坦，在一次實驗課上弄傷了右手，教授為此而嘆氣：「你為什麼不去學醫學、法律或語言學呢？」愛因斯坦回答：「我覺得自己在物理學方面有一種特殊的愛好和才能。」之後他在物理學上獲得的成就，證明了他對自己的認識是正確的。

美國物理學家肖克利（William Shockley）與巴丁（John Bardeen）、布拉頓（Walter Houser Brattain）一起發明了世界上第一個電晶體，並因此獲得諾貝爾獎。在電晶體研究方面，他展現了極高的理論思維能力，電晶體工作原理的理論就是他提出的，電晶體問世以後得到了廣泛的應用。

肖克利預見到了社會對電晶體的需求，1954 年，他辭去了貝爾實驗室的職務，到加州創辦了一家肖克利半導體研究所。開張之時，8 位年輕科學家追隨他，充當他的助手。這是一家商業性的企業，但是肖克利不會經商，對於企業如何賺錢、如何與對

手競爭、如何與同事一起商量,他都很不在行。他的企業不像是商業性的實體,更像是個純學術機構。沒過幾年,助手們因意見分歧,一個個離他而去,企業入不敷出,漸漸難以支撐,最後被人收購。肖克利苦心經營的這家企業,最後以失敗告終。

肖克利有傑出的研究才能卻未必有出色的經營才能,科學研究和經營謀利並不是同一件事,它們有著不同的特點。肖克利缺乏這點自知之明,貿然從事自己不擅長的工作,捨己之長,用己之短,他的失敗在他離開研究機構、辦起商業實體之初,就已經潛伏下來了。

樹根千姿百態,藝術家要善於利用樹根的天然形狀,順勢雕刻成栩栩如生的各種形象。其實我們每個人也與樹根一樣千差萬別,十人十面。只有根據自己的特點,相應擇業才能順勢成事。希臘哲學家把認識自己看作生命的一個重要目的,只有正確認識自己,才能知道什麼樣的事業可以使自己真正發揮潛能,從而得到最大的報酬。

認識自己的方法

如何認識自己,是擺在每個追求成功的人面前的超大問號。我們必須掌握可靠的認識自己的方法。以下為認識自己的「自我反省法」。

▶▶ 第一章　先把眼光對準鏡子

1. 真心的問一問自己的個性、志趣、能力、愛好、人生方向等等究竟是什麼，以便形成一個比較客觀、真實的「自我鏡像」。這種自我鏡像將會直接影響個人認識世界的態度或行為方式。個人對自我的評價很容易走極端，或自大，或自卑，難於中肯。客觀的自我鏡像是在與他人的互動和實踐的檢驗中不斷形成的。

2. 做自己能夠做到的，起跳前先看看高度和自己的適應度。別人能做什麼，做了什麼並不重要，重要的是你究竟想做什麼，現在能做什麼。雖說人的潛能發展是無限的，但在一定時期內，人的能力總是有限的，所以一定時段的奮鬥目標應當是自己力所能及的。制定宏偉的計畫很容易，熱情有時也很容易澎湃，但是成就自己卻需要實實在在的可操作計畫，需要恆久的熱情。人有時之所以自取其辱或自折其志，大抵源於缺乏自知之明，缺乏正確的評估自己當時的能力。所以，在一定的時間、一定的地點，我們能做什麼，應該自己心裡有譜。

3. 不要撇開自己的個性和能力特點，一味去比較或羨慕別人，你要成為你自己。別人是什麼樣的，那是別人的能力和機遇所致。很多時候，葡萄的確是酸的—因為我們吃不到—但我們可以轉到別處去吃荔枝或蘋果，這符合我們的個性和能力特點，何樂而不為呢？人應該是有彈性的和會變通的。

4. 每個人都有各自的優點和缺點，我們所要認真對待的就是
仔細的分析自己的優點，確定自己的長處。在這個世界上
不存在樣樣都行的通才。因此，與其費盡心機的去改變自
己的短處，不如盡力的發揮自己的長處。印度《五卷書》
上說：「最難的是自知，知道自己什麼能做，什麼不能做；
誰要是有這樣的自知之明，他就絕對不會陷入困境。」
一旦我們能選定適合自己個性特點的工作或事業，我們將
能樂在其中，成功對於我們來說會是一個快樂的過程。我
們常說痛苦，事實上痛苦就是做自己不願做而又不得不做
的事。一個醉心於繪畫的人，絕不會把每天的繪畫工作看
作是痛苦的事；反之，一個對繪畫毫無興趣也無特長的人，
每次走向繪畫工作臺，無疑像是被綁赴刑場一樣。

5. 堅信自己有無窮的潛能等待被開發，設想有一個個「新的
自我」將被開發出來。心理學研究顯示，人的潛能大約只
開發了 5%，還有絕大部分未被開發。每個人都擁有潛能，
這是上天賜予人最大的恩惠。我們應該相信：只要認真堅
持去做，一定能比現在做得更好，因為我們肯定具有這方
面的潛能。

6. 在這個世界上，雖然我們可能得到很多人的幫助，但是自
己的命運最終只有靠自己去掌握。我們應該充分發揮自己
的天賦或特長，尊重自己，仔細的聆聽來自心底的呼聲，

19

而不是人云亦云，隨波逐流。背離自己的個性是人生痛苦的根源，一味的活在別人的「看法」中，容易導致「削足適履」的悲劇，也是對自我生命的最大蔑視。

當然，真正全面、客觀認識自己，光依靠以上的「自我反省法」還不夠，因為一個人最難發現的是自己的劣勢。下面再介紹幾種借助外力認識自己的方法，讀者可以組合運用。

- **徵詢意見法**：向自己的父母、親人、同學、朋友和師長、同事徵求意見，了解他們對自己的看法和評價。
- **心理、職業測驗法**：書本上和網路上有不少關於心理、性格和智力等各式各樣的測驗，不妨試一試，作為參考。
- **感覺法**：對無把握的事，自己會本能的產生一種畏懼情緒；與此相反，如果你對所做的事感到確有信心做好的話，說明你在這方面或許有一定的才能。
- **實驗法**：用事實當作證明。有小說作品才是作家，有繪畫作品才是美術家，有發明創造才是科學家。小張是從事統計工作的，但他心裡卻總想當個作家。他把剩餘的全部時間和精力都用於小說創作。終於，有一天，他寫的一篇小說發表了，接著又發表了第二篇、第三篇。這一事實使他認知到自己是能寫小說的，是可以成為一名作家的。從已成的事實中，他認識和發現了自己的才能。當你尚未了解和認識自己的才能時，不妨對有興趣的學問或工作做一些研究或實踐

的嘗試，看在研究和實踐過程中能否達到預期的效果。如果成效顯著，就證明你有這方面的才能；如果成效甚微，甚至沒有成效，那可能就說明你不具備這方面的能力。

· **比較法**：不怕不識貨，就怕貨比貨，透過比較可以認識自己的才能。如果沒有可比的對象，也可以拿自己做過的各項工作來比。如有人多才多藝，那就要看他身上哪種才氣更大，哪種特長更出類拔萃並被社會承認。

· **考試法**：目前除了學校用考試來測驗學生的學習優劣外，一般企業單位也已採用公開招募的方式來選拔和錄用人才。誠然，單純的考試有一定的侷限性，但你不妨將考試作為認識自我的一個參考指標。

此外，自身的各種實際狀況是客觀評價自己的重要依據。

以學歷來說，每個人受教育的程度不同，有的人受過高等教育，有的沒受過高等教育；即使同是高等教育，也會有高低層次之分，如有學士、碩士和博士；所上學校的等級也不一樣，有的畢業於知名大學，有的畢業於一般大學。當然學歷不能代表一個人的真正水準，但它可以從一個側面反映一個人所學知識的多少及具有的專業特長，因此，這也是評價自身的客觀標準之一。

其次是智力。據心理學家研究顯示，人的智力分為五種類型：智力超常和低常者各占 1%，智力偏高和偏低者各占 19%，智力中等者占 60%。一位心理學家對一所大學的學生的

開發思維能力進行研究，從流暢性、變通性和獨創性三個方面評分，發現學生之間有明顯的差異。透過和周圍人比較，我們可以了解自己的智力情況。如你的學習與工作成績在全班或公司裡屬佼佼者，說明你的智力起碼在正常以上，這樣你就不必害怕到一些競爭力強的行業和公司中找工作或創業了。

　　還有一些非智力因素也是認識自我的重要環節，如一個人的氣質、意志和風趣等均屬於非智力因素的範疇。我們常看到這樣一種情況：具有同等智力和學歷的人，在外在條件相同的情況下，性格溫順、易受干擾者，往往終生沒有什麼發明、發現和創造，而性格怪僻、固執和多疑者的創造性捷報卻紛至沓來。導致這種結果的一個重要原因在於，前者的性格與所從事的工作不相應，後者的性格與所從事的工作比較適配。前者能較好的處理家庭和同事之間的關係，如在服務行業或醫護行業，他們可能會成為出色的服務生或白衣天使，而在科技研究領域卻可能一事無成，因為從事科學研究需要的是冷靜的批判、獨立的思考、精細的觀察和堅持不懈的探索，這些與學歷和智商無關，對個人的成功卻有至關重要的影響。

　　每個人的性格、氣質都有所長，也有所短。多血質的人活潑易動，膽汁質的人動作迅速敏捷，黏液質的人穩定持重，憂鬱質的人細心謹慎。一般來說，具有開朗、活潑、熱情、溫和性格氣質的人，比較適合從事於演藝、社交和服務性行業；多疑好問、深沉嚴謹和求實性格氣質的人，比較適於研究和醫

學。外科醫生需要的是大膽、沉著，企業管理者需要和氣、謹慎，好強多思，能幹而又穩重。

總之，我們要全面了解、認識自己，客觀、正確的評價自己，這樣才有可能在選擇工作或創業的時候，尋找到自己在社會中的恰當位置，既能有效的發揮自己的才能，又能充分挖掘自己的潛能，從而最大限度的實現自己的夢想。

撥開迷霧審視自己

每一個人都有自己生存的價值觀，但這種價值觀因為個人家庭背景、文化素養、思想抱負、性格特徵及環境變遷等因素的不同而有很大的差異。

認識自己就是要找出自己真正的個性、特質與需求，讓自己喜歡自己，活出真正的自我。有些人的價值觀是犧牲奉獻，有人則是追求卓越，有人將享受人生作為安身立命的所在，還有人則是混沌一片，模糊不清，人云亦云，不知所謂。

不過價值觀不是一成不變的，它會隨著人生際遇的不同而產生今非昔比的大逆轉。

譬如說，你是一個正義感十足、是非觀念非常強烈的正直之人，但是在工作上，你會不會明知不是好事、有違自己的價值觀，卻礙於主管或老闆的命令以及社會習俗的壓力，只好隨波逐流，委屈遷就？

假如你是一個認真努力、潔身自好的專業人士，但你所在的辦公室文化卻是吹牛皮拍馬屁、諂媚打諢當道，那麼你會同流合汙、改變自己的追求和理想嗎？

如果每一日都風平浪靜、陽光燦爛，那麼認識自己一點也不困難。而生活總是充滿著各式各樣的不確定性，個人也會在其中隨之做出各種改變，所以千萬不要把認識自己看得太簡單。如果很容易就把自己看透，豈會有精彩紛呈、變幻莫測的人生？

自己的生活觀念雖然可以隨時改變，但生命價值觀卻是安身立命的重要方向，不能輕易動搖。

為了要探尋自己的生命價值，避免自己長期處於混沌的迷霧之中，一定要經常審視自己，認清內在的自己是何等模樣，是人云亦云，是剛愎自用，是見風轉舵，還是不明是非？並清楚的描繪出自己的特質所在。如果我們不能認真看清楚自己真正的本質及面目，在關鍵時刻就往往會因為無法自持而捲入難以自拔的心靈黑洞之中。

《伊索寓言》中有一則關於鄉下老鼠和城市老鼠的故事：城市老鼠和鄉下老鼠是好朋友。有一天，鄉下老鼠寫了一封信給城市老鼠，信上這麼寫著：「城市老鼠兄，有空請到我家來玩。在這裡，可享受鄉間的美景和新鮮的空氣。過著悠閒的生活，不知意下如何？」

城市老鼠接到信後，高興得不得了，立刻動身前往鄉下。到那裡後，鄉下老鼠拿出很多大麥和小麥，放在城市老鼠面

前。城市老鼠不屑一顧的說：「你怎麼能夠老是過這種清貧的生活呢？住在這裡，除了不缺食物，什麼也沒有，多麼乏味呀！還是到我家玩吧，我會好好招待你的。」鄉下老鼠於是跟著城市老鼠進城去了。

鄉下老鼠看到那麼豪華、乾淨的房子，非常羨慕。想到自己在鄉下從早到晚，都在農田上奔跑，以大麥和小麥為食物，冬天還得在那寒冷的雪地上搜集糧食，夏天更是累得滿身大汗，和城市老鼠比起來，自己實在太不幸了。

聊了一會，牠們就爬到餐桌上開始享受美味的食物。突然，「砰」的一聲，門開了，有人走了進來。牠們嚇了一跳，飛也似的躲進牆角的洞裡。

鄉下老鼠嚇得忘了飢餓，想了一會，戴起帽子，對城市老鼠說：「還是鄉下平靜的生活比較適合我。這裡雖然有豪華的房子和美味的食物，但每天都緊張兮兮的，倒不如回鄉下吃麥子來得快活。」說罷，鄉下老鼠就離開都市回鄉下去了。

不同個性、習慣的老鼠，有各自不同的生活方式。即使牠們都曾經對不同的世界感到好奇、有趣，但是，牠們最後還是都回歸到自己所享受的生活裡。曾有人指出：「我們在構築自己的目標的時候，也要充分考慮自己的個性、習慣。」

人一旦找到適合自己的職業，就會發掘出獨特的生存價值，不但義無反顧的全心全意投入，而且會忘記過去在工作、生活以及人際關係方面的煩惱與挫折。

就算我們一時無法找到適合自己的職業，那不妨去找一些可以替代的事情來做。許多人參加志工慈善活動是因為自己願意去做，也有些人覺得幫助他人能夠讓自己享受生存價值的喜悅，因此他們樂此不疲。

參加志工活動時，輕而易舉就能感受到自己被他人需要以及自己生存的意義。哪怕這種感覺只是一點點，只要有人能夠和自己一起分享，就是最美、最好的經驗。

每天我們都在為生存和理想奮鬥，為處理錯綜複雜的人際關係而焦頭爛額。你可曾想過，與其每天愁眉不展，憂心忡忡，還不如多做一些有助於社會和人類的事，這樣不僅可以為別人帶來歡樂，自己也會體驗到幸福。

找到長處易成事

愛因斯坦在 1950 年代曾收到一封信，信中邀請他去當以色列的總統。出乎人們意料的是，愛因斯坦竟然拒絕了。他說：「我整個一生都在和客觀物質打交道，因而既缺乏天生的才智，也缺乏經驗來處理行政事務及公正的對待別人，所以，本人不適合如此高官重任。」可見，智力超凡的愛因斯坦是有自知之明的。

美國作家馬克吐溫曾經經商，第一次他進行打字機的投資，因受人欺騙賠進去 19 萬美元；第二次辦出版公司，因為是外行，不懂經營，又賠了 10 萬美元。兩次共賠將近 30 萬美元，

他不僅把自己多年心血換來的稿費賠個精光，而且還欠了一屁股債。

馬克吐溫的妻子歐麗維亞深知丈夫沒有經商的才能，卻有文學上的天賦，便幫助他鼓起勇氣，振作精神，重新走創作之路。終於，馬克吐溫擺脫了失敗的痛苦，在文學創作上獲得了輝煌的成就。

成事的訣竅就是經營自己的長處。經營自己的長處能為你的事業增值，而經營自己的短處會使你的事業貶值。正如富蘭克林所說：「寶貝放錯了地方便是廢物。」

一個人竭盡全力去做一件事而沒有成功，並不意味著他做任何事情都無法成功。他可能選擇了不合天性的職業，這就注定他難以出人頭地。

有人說過：「做我們的天賦所不擅長的事情往往是徒勞無益的，在人類歷史上因為做自己所不擅長的事情而導致理想破滅、一事無成的例子不勝枚舉。」

只有你的天賦與個性完全和手頭的工作相協調，你做起來才會得心應手。除非你愛自己的工作達到廢寢忘食的地步，否則，你肯定還沒有找到自己真正的興趣所在。

在某一段時間裡，你也許不得不做一些自己不喜歡的事，並為此苦惱，但是，你要儘早使自己從這種狀態下解脫出來。英國作家湯瑪斯·卡萊爾（Thomas Carlyle）說：「世界上最

不幸的人要數那些說不清自己究竟想做什麼的人。他們在這個世界上找不到適合他們做的事，簡直無處容身。」

莫里哀（Molière）和伏爾泰（Voltaire）都是失敗的律師，但前者成了傑出的文學家，而後者成了偉大的啟蒙思想家。卡萊爾說：「發現自己天賦所在的人是幸運的，他不再需要其他的福佑。他有了自己命定的職業，也就有了一生的歸宿；他找到自己的目標，並將執著的追尋這一目標，奮力向前。」

要選擇好工作，首先要找到自己的興趣所在：「我喜歡做什麼？我最擅長什麼？」一個人如果能夠根據自己的愛好去選擇事業的目標，他的主動性將會得到充分發揮。即使十分疲倦和辛勞，他也總是興致勃勃，心情愉快；即使困難重重，他也絕不灰心喪氣，而去想辦法，百折不撓的去克服它。如果你喜歡你所從事的工作，那麼，即使你工作的時間很長，你也不會覺得是在工作，反倒像是在做遊戲。

愛迪生就是一個好例子。他幾乎每天在實驗室裡辛苦工作18個小時，在裡面吃飯、睡覺，但他絲毫不以為苦。「我一生中從未做過一天工作，」他宣稱，「我每天其樂無窮。」樂在其中，難怪他會獲得這麼大的成就。

很多人往往一時很難弄清自己的興趣所在或擅長什麼，這就需要你在實際中善於發現、認識自己，不斷的了解自己，如此才能截長補短，進而成就大事。

一位作家一開始並沒有意識到自己會成為作家,曾幾次改行。一開始,因為身高優勢,他愛上了籃球運動,成了市立男子籃球隊隊員。因為球技一般,年齡漸長,他又改行當了專業畫家。他的畫技也無過人之處,他替報刊繪畫時,偶爾也寫點短文,終於發現自己的寫作才能,從此走上了文學創作的道路。

幾乎每一個人在小時候都會被問到:「你長大了要做什麼?」很多人回答「要當科學家」、「要當文學家」、「要當歌星」、「要當總統」……但是隨著年齡的增長,大多數人兒時的夢想就像美麗的肥皂泡一樣破滅了。

為什麼會發生如此大的變化呢?其實,能否找到自己最感興趣又最能發揮自己特長的工作,往往決定著一個人的前途和命運。然而許多人既不知道自己對什麼最感興趣,又不知道自己的特長是什麼,因而也不知道什麼樣的工作最適合自己。

曾經有位高中生向比爾蓋茲請教成功的祕訣,蓋茲說:「做你所愛,愛你所做。」

大凡成大事者,成功的關鍵都是掌握了自身的優勢,並加倍強化這種優勢,完全投入到自己所喜歡的事物之中,將這種富有特長的興趣愛好發揮到極致。

因此,年輕人在選擇事業時,不要問自己可以賺多少錢或可以獲得多大名聲,而應該問自己哪些工作自己最感興趣,且可以最充分的發揮自己的潛能,要選擇那些能促進自己的發展、使自己雄心勃勃、將來會有所成就的事業。

明確自己的職業定位

美國麻省理工學院一位教授指出，職業定位可以分為以下五類。

第一類為技術型。持有這類職業定位的人出於自身個性與愛好考慮，往往並不願意從事管理工作，而是願意在自己所處的專業技術領域發展。過去沒有專業經理人的時候，經常將技術頂尖的科技人員提拔到主管職位，但他們本人往往並不喜歡這個工作，更希望能繼續研究自己的專業。

第二類為管理型。這類人有強烈的意願做管理人員，同時經驗也告訴他們，自己有能力獲得高階主管職位，因此他們將自己的職業目標定為擔負相當大職責的管理職位。成為高階經理人需要的能力包括三方面：

· **分析能力**：在資訊不充分或情況不確定時，判斷、分析、解決問題的能力。
· **人際能力**：影響、監督、領導、應對與控制各級人員的能力。
· **情緒控制力**：有能力在面對危急事件時，不沮喪、不氣餒，並且有能力承擔重大責任，而不被其壓垮。

第三類為創造型。這類人需要建立完全屬於自己的東西，如以自己名字命名的產品或工藝、自己的公司或是能反映個人

成就的私人財產。他們認為只有這些實實在在的事物才能展現自己的才幹。

第四類為自由獨立型。這種類型的人更喜歡獨來獨往。很多有這種職業定位的人同時也有相當高的技術型職業定位，但是他們不同於那些單純技術型定位的人，他們並不願意在組織中發展，而是寧願做一名顧問人員，或是獨立從業，或是與他人合夥開業。有些自由獨立型的人往往會成為自由撰稿人，或是開一家小的零售店。

第五類為安全型。這類人最關心的是職業的長期穩定性與安全性。他們為了安定的工作、可觀的收入、優越的福利與養老制度等付出努力。絕大多數的人都選擇這種職業定位，雖然他們自己可能也並不情願，但為了獲得一份較為穩定的生活，他們可能會極力壓抑自己的個性。

為了更好的明確自己的職業定位，我們還可以嘗試以下方法。首先拿出一張紙，仔細思考以下問題，並將要點記錄在紙上：

1. 你在高中、大學時投入最多精力的是哪些方面？
2. 你畢業後第一份工作是什麼，你希望從中獲取什麼？
3. 你開始工作時的長期目標是什麼，有無改變，為什麼？
4. 你後來換過工作沒有，為什麼？
5. 工作中哪些情況你最喜歡，或是最不喜歡？
6. 你是否回絕過調動或升遷，為什麼？

根據上面五類職業定位的解釋，確定自己的主導職業定位。

透過以上職業生涯設計，我們解決了「我選擇做什麼」的問題。職業方向直接決定著一個人的職業發展，因而須加倍慎重。正所謂「男怕選錯行，女怕嫁錯郎」，選錯了行業，可能會毀掉自己本該有所作為的人生。我們可按照「擇己所愛、擇己所長、擇世所需、擇己所利」的職業設計四項基本原則，結合自身實際情況，確定職業方向和目標。

不要自己否定自己

每當一個人想迴避某一活動或掩蓋個性怪癖時，總喜歡用「我就是這樣」作為藉口。事實上，在自己反覆使用了這些負面標籤之後，自己也會相信這些負面標籤，而到那時，我們將真是「鐵板一塊」，這輩子都不會改變了。負面自我描述使我們避免了自我改變中的種種風險，但同時將這個負面標籤更加深入自我與他人的心中。

如果一個參加晚會的年輕人認為自己很害羞，他就真會感到害羞，而他的行為則進一步加強他的害羞形象。以下這些負面的標籤經常出現在人們身上。

- 「我笨手笨腳」、「我體育不行」等：這些來自孩童時期的負面標籤使我們不致因體育不及他人而受到譏諷。當然，

我們之所以沒有技能，是因為我們一直相信這些標籤，沒有積極參加體育活動，並不是我們自身有什麼缺陷。畢竟，人們是透過反覆練習而不是透過迴避掌握一項體育技能的。可是，有了這些負面標籤，你就可以站在場外觀看、羨慕別人，並假裝你並不喜歡體育活動，從而也削弱了自己在體育運動方面的能力。

· 「**我長得不漂亮（長得很醜、骨架太大或個子太高）**」：這些生理上的負面標籤使我們不敢與異性接觸，從而免受拒絕之風險。當我們選擇消極的自我形象得不到愛時，這些負面標籤還可以為我們辯護。只要我們這樣描述自己，就總有理由不去與異性建立相愛關係。此外，我們也不必努力改進自我形象。我們是在用鏡子為自己的消極態度辯護。可是請不要忘記，即使在鏡子裡，我們所看到的也還是我們想要看到的形象。

· 「**我就是自由散漫（過於謹慎或粗心大意）**」：這些負面標籤有助於你控制別人並為某些事情進行辯護。「我一直是這樣做事的」，這句話的潛臺詞是：「我以後還要這樣做事。」我們總是按某種習慣方式行事，甚至從不考慮能否以另一種方法行事。這樣，我們還可確保周圍所有的人也都能照自己那樣行事。這是一種以惰性取代思維的標籤。

· 「**我記性不好**」、「**我是粗心鬼**」、「**我缺乏責任心**」、「**我**

待人冷淡」等等：當我們沒有做好某事而要辯解時，這幾個負面標籤特別有用。它們使我們永遠不去努力增加記憶力或克服粗心大意，因為我們只須說「我就是這樣」，就可以開脫自己。每當我們做出上述行為並為自己貼上這一類標籤時，我們就永遠不必努力改變自己。如果你繼續「健忘」下去，對自己說：「我真的對此毫無辦法。」這樣你就會永遠記性不好。

其實，這個世界上，有很多人把日子過得熱熱鬧鬧而又似乎不費吹灰之力。他們睜大眼睛，身邊便是少男少女的時裝舞臺；他們豎起耳朵，就想捕捉周杰倫的歌聲；他們張開雙臂，奔向情人的召喚；他們一投足，就有漂亮的舞步。沒有人拿著槍逼著他們去擁抱生活，因為他們創造了生活，生活也擁抱了他們。而你卻自以為看透了生活，實質上你卻是在敷衍生活，生活不再親吻你，你的日子索然無味。你錯就錯在視而不見、聽而不聞，你錯就錯在瞻前顧後、謹小慎微，你錯就錯在總結而非渴望生活。

從現在開始，找一件你從沒有做過的事情，花一個下午做這件事，看看你是否仍然可以在這方面使用自己以前的自我描述標籤。在行動上為自己制定目標，以不同於過去的方式行事。

你的缺點也許正是優點

　　莊子在山中漫遊，看到許多樹林遭人砍伐，但其中一棵很大的樹沒有被砍伐。伐木人對莊子說，因為樹形長得不規則，沒有利用價值，所以不必砍了。

　　莊子下山到朋友家中，朋友為了招待他而要殺鵝下廚，僕人問主人說，有兩隻鵝，要殺哪一隻？主人說，殺不會叫而沒有用的那一隻。大樹沒有用而活了下來，鵝沒有用而被殺了，這說明有用與無用要視情形而定，無用的事物可能在某種情形下變得非常有用。

　　劉仁軍出生在一個村莊。很小的時候，劉仁軍就發現自己記憶力超群，老師講過的課，他不用複習，第二天還記得清清楚楚。因為記憶力好，劉仁軍讀起書來便漫不經心，經常偷懶，上課之外他幾乎不碰書本。因為他成績一直不錯，老師也不去管他。

　　這種情況一直持續到劉仁軍 10 歲的時候。那年，他正上小學四年級，學校開了《小學地理》這門課程。一拿到課本，劉仁軍就翻了起來，他想弄清楚自己的家鄉是在什麼地方。在課本上找了大半天之後，劉仁軍不僅弄明白了家鄉的地理位置，還了解到了許多與當地有關的知識。這之後，他便對地理課本著了迷，上其他課的時候，他也偷偷的看地理書。

　　由於將太多的精力放在了地理這門課程上，劉仁軍其他科

目的成績直線下降。國中畢業時，劉仁軍沒能考上好的高中，只勉強上了一所高職。

然而，劉仁軍只在那所高職讀了半年書就退學了。他覺得在高職學不到東西，念下去只會浪費家裡的錢。於是，劉仁軍成了一名道道地地的農民。

劉家地少人多，沒多少事可做。劉仁軍除了吃飯睡覺，其餘時間就關在屋子裡研究他的地圖。父母見他「遊手好閒」，便幫他找了個師傅，讓劉仁軍去學做瓦工。劉仁軍知道，在村裡不學門手藝，是會被人恥笑的。於是，他只好很不情願的順從了父母的意願，做了一名整天跟泥水打交道的學徒工，但他才做了幾天就對這行失去了興趣，之後便三天打魚兩天晒網，一個月頂多去學個七、八天，其餘的時間就「宅」在家裡看他的地理書。

與做磚瓦工的極端厭惡形成鮮明對比的是，劉仁軍對地理知識卻興趣盎然。他特別跑到鎮上買了世界地圖，將它們先貼在硬紙板上，然後用剪刀按國界和區域一一剪開，製成一副類似撲克樣的紙牌。劉仁軍喜歡把這些「紙牌」弄亂，然後隨便抽出一張讓自己說出這是哪個國家哪個省 —— 這樣的遊戲，劉仁軍樂此不疲。

那時候，他壓根也沒想到自己的前途跟自己的興趣特長會有什麼關係，他之所以一頭栽到地圖裡，完全是出於濃厚的興趣。認清了地圖後，劉仁軍便開始記起了地名。先是記住600

多個大中城市名稱和世界所有國家的首都、首府的名稱；然後背市、背縣……最後發展到各個國家的地名，就這樣一路背下去。然而，與此同時，「不務正業」和「瘋子」等對他的挖苦與譏諷也在街坊鄰居們的口中傳出，甚至附近村民們教育子女，也拿他當作「不學好」的壞例子。

然而就是這樣的一個「不務正業」的「瘋子」，某天下午用他背誦世界地名的「絕活」打破了金氏世界記錄。據說他能連續不斷的背出世界 9,000 個地名，而且對各地的常住人口、交通狀況、名勝古蹟和當地特產都非常清楚。後來，他被地名研究領域最權威的機構 —— 地名研究所特聘為研究員。

20 出頭的年輕人劉仁軍，在別人的眼裡是一個典型的「瘋子」，痴迷於地圖是他的缺點，但誰曾想到，這個「缺點」正是成就他走向人生另一個更高領域的本錢。因此，我們在認識自己的時候，千萬不要輕易的被他人的看法牽住了鼻子。仔細想一想：你有哪些所謂的「缺點」，可以巧妙的轉換成你成事的資本？

常做心靈大掃除

5 年前，事業與愛情的挫折在一個月裡同時襲擊了我。我頹廢了幾個月後，決定找一個新的環境從頭再來。於是我計畫從拚搏了 5 年的 A 城前往千里之遙的 B 城。我將工作辭了，在 A 城一個小村的地方邁開了北上的步伐。

▶▶ 第一章　先把眼光對準鏡子

當我在小村打點我的行裝，將各種物品一箱一箱的打包時，我驚訝自己在過去 5 年內，竟然累積了那麼多的東西。我不得不花了整整一天的時間，將大部分沒有多大用處的物品扔掉。我懊悔自己從來就沒動手為自己做過大掃除。

那次經歷，讓我悟出一個道理：人一定要隨時清掃、淘汰不必要的東西，日後它們才不會變成自己沉重的負擔。

人生又何嘗不是如此！在人生路上，每個人不都是在不斷的累積？既包括名譽、地位、財寶、親情、人際關係、健康、知識等等，當然也包括煩惱、苦悶、挫折、沮喪、壓力等等。這些東西，有的早該丟棄而未丟棄，有的則是早該儲存而未儲存。

問自己一個問題：我是不是每天忙忙碌碌，把自己弄得疲累不堪，以至於總是不能好好靜下來，為自己做「清掃」？

那些會拖累自己的東西，必須立刻放棄。

心靈掃除的意義，就好比是商人的「盤點庫存」。商人總要了解倉庫裡還有什麼，某些貨物如果不能限期銷售出去，最後很可能會因積壓過多拖垮自己的生意。

很多人都喜歡房子清掃過後煥然一新的感覺。我們在拭掉門窗上的塵埃與地面上的汙垢，把一切整理就緒之後，整個人好像突然得到了釋放。

在人生諸多關口上，我們幾乎隨時隨地都得做「清掃」。讀書、出國、就業、結婚、生子、換工作、退休……每一次轉折，都迫使我們不得不「丟掉舊的你，接納新的你」，把自己

重新「掃」一遍。

不過，有時候某些因素也會阻礙我們放手進行掃除。譬如，太忙、太累或者擔心掃完之後必須面對一個未知的開始，而自己又不能確定哪些是自己想要的。萬一現在丟掉的將來又撿不回來，怎麼辦？

的確，心靈清掃原本就是一種掙扎與奮鬥的過程。不過，你可以告訴自己：每一次的清掃，並不表示這就是最後一次。而且，沒有人規定你必須一次全部掃乾淨。你可以每次掃一點，但你至少應該丟棄那些會拖累你的東西。

生命裡填塞的東西越少，就越能發揮個人的潛能。《你的人生有多重？》（*Repacking Your Bags*）的作者理查·萊德（Richard J. Leider）有過一次有趣的親身經歷。有一年，他和一群好友到東非塞倫蓋提平原去探險。當時，正逢東非遭受嚴重旱災，在旅途中，理查隨身帶了一個厚重的背包，裡面塞滿了餐具、切割工具、挖掘工具、衣服、指南針、觀星儀和護理藥品等。理查對自己的背包非常滿意，認為自己已為旅行做好了萬全的準備。

一天，當地的一位原住民嚮導檢視完理查的背包之後，突然問了一句：「這些東西讓你感到快樂嗎？」理查愣住了，這是他從未想過的問題。理查開始問自己，結果發現，有些東西的確讓他很快樂，但是，有些東西只會浪費自己的體力。

理查決定取出一些不必要的東西送給當地村民。接下來，

因為背包變輕了，他感到自己不再有束縛，旅行變得更愉快。理查因此得出一個結論：生命裡填塞的東西越少，就越能發揮潛能。從此，理查學會在人生各個階段中定期打開包袱，隨時尋找減輕負擔的方法。

　　人生就如同參加一次旅行，你可以列出清單，決定背包裡該裝些什麼才能幫助你到達目的地。但是，記住，在每一次停泊時都要停下來審視一下自己的口袋：什麼該丟，什麼該留，把更多的位置空出來，讓自己活得更輕鬆、更自在。

　　佛家有偈曰：「菩提本無樹，明鏡亦非臺；本來無一物，何處惹塵埃？」這種境界並非身處紅塵中的平常人所能達到。佛家又有偈曰：「身似菩提樹，心如明鏡臺；時時勤拂拭，不使染塵埃。」這種境界，每個人要達到均不太難，只要勤審視自己、勤打理自己就能夠達到了。

第二章　慧眼識人

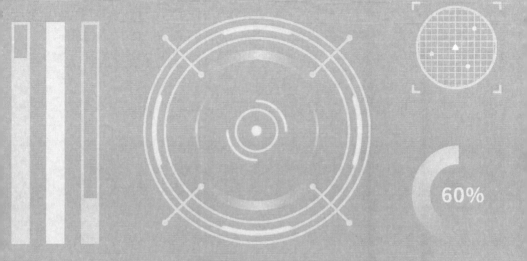

60%

　　齊桓公上朝與管仲商討伐衛的事，退朝後回後宮。衛姬一望見國君，立刻走下堂一再跪拜，替衛君請罪。桓公問她什麼緣故，她說：「妾看見君王進來時，步伐高邁，神氣豪強，有討伐他國的立志。看見妾後，臉色赫然，我因此猜想一定是要討伐衛國。」

　　第二天，桓公上朝，謙讓的引進管仲。管仲說：「君王取消伐衛的計畫了嗎？」桓公說：「仲公怎麼知道的？」管仲說：「君王上朝時，態度謙讓，語氣緩慢，看見微臣時面露慚愧，微臣因此知道。」

　　齊桓公與管仲商討伐莒，計畫尚未發布卻已舉國皆知。桓公覺得奇怪，就問管仲。管仲說：「宮內必定有聖人。」桓公嘆息說：「白天來王宮的役夫中，有位拿著木杵而向上看的，想必就是此人。」於是命令役夫再回來做工，而且不可找人頂替。

　　不久，拿木杵的人被找來。管仲說：「是你說我國要伐莒的嗎？」他回答：「是的。」管仲說：「我不曾說到要伐莒，你為什麼說我國要伐莒呢？」他回答：「君子善於策謀，小人善於臆測，小民只是私自猜測。我看君王和你站在高臺之上，他精神飽滿，舉止興奮，這是準備打仗的表現，他手指的方向又是莒國的位置，不服齊的只有莒國了，所以我這麼想。」

透過衣著看人

俗語說:「人心難測。」人心何以難測?人心是指人的思想,思想是無形的,看不見,摸不著,它隱藏在人的腦海裡;且思想又非固定的,是隨著客觀世界的變化而變化的。

如果有一天,好人與壞人臉上貼上了標籤,那就普天同慶了。但事實上這是不可能的。所以許多人 —— 特別是初入社會的年輕人,由於識人不清,往往一再上當受騙。

其實,看人是一門很高深的學問,據說有人從來人的走路方式和表情,即可判定這個人的性情。不過那種看人的工夫不是普通人能輕易學會的。

如果你對識人研究,千萬別把書上看來的那一套面相學搬來在現實生活使用,因為這只會使你看錯人,把好人看成壞人,或是把壞人看成好人。那麼一般人要如何來看人呢?我們首先從衣著入手,這是看人中最簡單的一招。

衣著表現個性。對一個人的穿著打扮進行觀察,我們可以明顯的發現一個人的內在氣質。「衣著是第二種皮膚」,也是人們了解他人的一條捷徑。

一個人為了掩飾赤裸裸的自我而穿衣服,但是又往往因為自己的衣著使得內心反而暴露於外了。一個人經過自己選擇而穿於身上的衣服,正好表現出在他裸露著肉體時,所不能被人了解的內心。所以,將衣服視為與人體不可分離的部分,甚至

視為「自己的化身」，均不足為怪。在心理學中，稱此種情況為「自我延長」。根據「自我延長」的理論，人類藉著服裝與裝飾品的裝扮，反而使得自己更顯裸露。

有的人喜歡打扮，穿衣戴帽很講究；有的人則不愛修邊幅，認為成大事之人可以不拘小節。其實，衣著也是一個人精神面貌的一個方面，別人可以從你的穿著上，看出你的身分、品味，甚至可以對你的性格和處事態度也一目了然。

1. 平常喜歡穿著隨意、不修邊幅的人，會使人產生不尊重別人的感覺。與人見面，衣著整潔，這是對別人的尊重，這也是最起碼的禮貌。

2. 人們對於穿得整齊的人，總是較有依賴感的，會覺得這種人可靠。

3. 衣冠不整、蓬頭垢面，讓人聯想到失敗者的形象；而完美無缺的修飾，能使你在任何團體中都能樹立良好的形象。

4. 在服飾儀表方面，成功人士的衣著一般趨向保守和不逾越身分，並盡可能符合公司的要求。

5. 上班族的著裝標準常常可以根據該公司經營的類型或服務的性質、本人在公司的位置、公司歷史與傳統等等來確定。如果你對辦公室衣著稍有研究，那麼站在電梯或什麼出口處，比較一下進進出出的人們的衣著形象，你就可以猜出他們的職業和地位。

6. 對工作負責的人為了自己的工作，不會胡亂穿衣。衣服的高品質展現了成功者的形象。

7. 衣著打扮以整潔、合宜為原則。過分裝飾打扮是一個人沒有自信心的表現。

衣著打扮也是一種語言，這門語言在人際交流中有著無法預估的作用。在與人打交道過程中，特別是與陌生人初次見面，對方就是從衣著來獲取你的內部資訊的。

比如西裝，如果展現在我們面前的是一身裁剪合體、質地優良的西裝，那麼我們就可以斷定西裝的主人經濟能力不錯，而且有品味，生活態度也很嚴謹。

再如襯衫，領口總是乾淨如新，袖口也鮮見汙痕，而且尺寸合體，沒有皺褶，那麼我們就可以推斷這是一位講究衛生的人。如果他已經有家室，那麼透過他的衣衫，我們看得出，他有個賢內助，他的背後有個好女人；如果他至今還是單身，那麼他應該是眾多女孩的理想對象。

再者，我們可以從男人的脖子上看出一些門道來。從領帶的不同打法上，我們可以看出男人的性格。

1. 繫短領帶且結間又很寬大，表示他是一個自信、很了解別人心事的人。

2. 愛繫斜條領帶，說明此人組織能力較強。

3. 領帶結頭打得過分緊貼，表示他是一個有壓抑感的人。

透過語言看人

透過衣著看人，畢竟是看人的表面，很多時候得出的結論並不準確。看人還須進一步利用他人的語言。

一、觀看別人如何應付為難的問題

日本職業棒球的會議紛紛議論一位投手木田勇，由於這位投手入隊的條件除了一筆龐大的契約金之外，還要求有數百平方公頃的土地，因此球迷和媒體紛紛指責木田投手，但有人卻認為這是木田投了一個巧妙的「牽制球」。

為了探尋出對方的真意而提出條件，然後再從對方對該條件的反應來觀察出真意，這是了解對方較為簡捷的手法。木田投手要求土地的真正意圖，是想知道球隊是否真有意希望他加入，而且想知道這球隊對自己有何種程度的評價。如此做法雖招致媒體的批評，卻非常直截了當。所以說，要想得知初次見面的對方的真意，不妨也像木田投手一樣投一記「牽制球」來試試。

二、用反駁觀察對方的本意

處於危機的狀況下，人都會呈現出赤裸裸的自我，也就是剝掉了外表理性的控制力而吐露出真意。利用人性的這個特點，我們可以採用「壓迫式面談」的方式，探察對方的本意。譬如連續的提出幾個使對方不高興的問題，把對方逼迫到一種

孤立的狀態，或強迫對方做二選一的抉擇等等，主要是把對方逼到一種「進退維谷」的危機情況下，探察出對方的反應。

以積極果敢的採訪聞名的國際政治記者落合信彥，在其著作中曾指出，他採訪的信條是先使採訪對象發怒，即為了引發出戒備心很強的對方吐露真意而故意採取無禮、粗魯的態度。提出擾亂對方心神的問題，這是屬於「壓迫式面談」的一種，也是落合和其他記者不同的關鍵所在。利用這種方法來探知人們微妙的心理，可以發揮出極大的功用。

如想知道初見面的人所說是否全屬真意或對主題的關注程度如何，我們可以應用「壓迫式面談」的手法，故意反駁對方的意見，探出對方的真意。

此外，還可以用「我常聽人家說……」的方法，借助第三者的立場來反駁對方，這樣可避免因自己反駁而招惹對方的反感。

三、提出有詳細答案的問題

有些心理專家在從事心理治療時，所提出的問題頭一句都是疑問詞，就是利用「5W1H」來提問。使用「何故（why）」、「何人（who）」、「何處（where）」、「何時（when）」、「何物（what）」、「如何（how）」等疑問詞來問問題，對方肯定無法回答「是」或「不是」。一些不使用疑問詞的問題，如「睡著了嗎？」、「吃過了嗎？」對方僅能回答出「是」或「不是」，這只適合於初階段的會談，但如果一直都提出這種方式

的問題時，對方很容易變得很被動，只要點點頭或搖搖頭就可以回答出我們的問題了，從而使談話也不會很深入。

開始時，應讓對方回答一些較容易回答的問題，然後漸漸的提出一些對方不能以「是」或「不是」回答的問題，如「你喜歡什麼？」、「為什麼喜歡呢？」、「想去哪裡呢？」繼續提出這類疑問詞的問題，對方即使很厭煩，但仍然必須以自己的話來回答，這樣也能較具體的把內心的話反映出來。在社交中特別想知道對方的意圖時，這個方法可以有效的達到目的。

四、用反問去了解他人的真意

近年來「午夜談心」一類的電臺或電視節目非常流行。有一位心理學專家應邀在這類節目中對來談心的人進行心理指導，這是件吃力不討好的工作，這位專家必須在有限的時間內，根據對方的言論給予適當的勸告或指點迷津，但假如言之有失，他就會被對方斥責，甚至追加罪名。

然而，這位專家卻在聽（觀）眾中頗有口碑，許多人都希望與他坦誠的交談。他的獨門絕活就是能迅速且正確的從對方的話語中捕捉出一些真實的想法。據他透露：在交談中，對方說出似乎有些異常的話時，他便馬上再用這些異常的話來反問對方，便可以探出對方的真意了。

有一次，一位中年婦女來到這個節目，主要話題是她的丈夫經常深夜才回家。一開始，這位婦女舉出很多認為她丈夫深

夜才回家是因為有外遇的理由，隨後，她突然冒出一句：「為什麼只有男人可以這麼做，卻不准我們女人這樣做……」這位心理專家馬上反問道：「『只有男人』這話是什麼意思呢？」

這位婦女當即歇斯底里的說：「不，說男人對愛情不專是男人有魅力的表現，是陳舊的觀點，我也很想這麼做，也想背叛他……」他又反問道：「雖說是陳舊的觀點，那妳認為現代女性應當水性楊花好嗎？」

她思忖了一陣，答道：「不是的！不是這樣的！不是愛情不專這件事好或不好，而是我討厭他老跟我撒謊……」心理專家又問：「那麼不撒謊，坦白對妳說出來就可以原諒嗎？妳覺得這種愛情不專的做法好嗎？總之，妳可不能因為丈夫這樣做，自己也想去試試愛情不專的行為……」

聽完專家的一番話後，這位中年婦女羞澀的承認了自己的想法不對。

這位心理專家敏捷的抓住了「只有男人……」這句話，引發對方道出自己內心深處的欲望 —— 總想去試試愛情不專的舉動和念頭。

反問這種技巧，在與初次見面的人交談時也是相當有效的。

五、「投影法」測驗對方心理狀態

人的個性或精神狀態可以利用「投影法」的心理測驗表現出來。所謂投影法是以一種不定型的圖案或語言解釋來探測出

人的內心，所以也可以叫做「透測法」，利用接力式的「完成文章法」給予隻言片語的引導而造出完整的句子來。例如給出一些不完全的語句「孩提時候我……」或是「我的父親……」使對方繼續完成句子，而得知其心中的想法。還可以製造出一些無任何意義的圖形，根據對方對圖形給予什麼樣的定義，從而知道對方內心的想法。

　　使不想開口且不表示出真意的對方說話，也有一個類似的方法，譬如「總之你……」、「那這麼一來就……」、「事到如今你……」用這些話中斷自己的言論，來探視出對方的表白，使對方承接下我們的語句，無意識之間使對方把自己的真意投射出來，如果對方不續接我們的話時，即可知道對方對這問題懷有抗拒感。

六、探測對方是否懷有敵意

　　在以廣大消費者為對象的百貨公司，常有不少顧客對所購買的東西不滿意，因而要求退貨或換貨。即使很容易退了貨的顧客，也可能會對出售這種商品的商店產生不滿或懷疑情緒，為了化解這種不滿，並能繼續使他們對商店懷有良好的印象，一些資深銷售人員的經驗是，最好讓對方的不滿盡量傾吐出來，可以使用「對產品有什麼不滿意嗎」這樣的話來詢問對方。

　　如果我們在初次見面知道對方有不滿或敵意時，我們可以直接問對方「是不是我不要來比較好？」這樣讓對方徹底的吐露

一些話來之後，多少能消除掉對方的不滿或敵意。如果對方否定的說「不！哪有這回事啊！」也能夠達到上述效果，因為這種違心之論一旦說出，他就不得不退縮或隱藏起他的不滿或敵意。

七、不要輕信對方的話

曾國藩在與太平軍作戰、攻克金陵之時，有人自稱某部的校官，前往謁見曾國藩。那人滔滔不絕，高談闊論，有不可一世的氣概，曾國藩很欣賞他。

言談之中，論及用人必須杜絕欺騙一事時，那人義正辭嚴的說：「會被欺騙或不會被欺騙，完全看人而定。在下衡量當今的人物，說說自己的看法。像中堂（指曾國藩）的至誠與盛德，他人自然不忍心欺騙；像左宗棠的公正嚴明，他人也不敢欺騙他；至於其他的人，有的別人不欺騙他，他卻懷疑別人欺騙他，有的已經被欺騙卻還不知受騙。」曾國藩聽完，非常高興，待之為上賓。

由於一時沒有恰當的位置安插，曾國藩就命他暫時督造炮船。過不了多久，那人就盜領千金逃跑了。

事情暴露後，部屬向曾國藩請示發令抓人。曾國藩沉默很久之後說：「算了，不要追了。」部屬告退之後，曾國藩不禁自嘲道：「他人不忍心欺騙？他人不忍心欺騙？」

曾國藩因為那人一句「像中堂的至誠與盛德，他人自然不忍心欺騙」的諂媚之詞，大為受用而重用他，結果精通識人的

曾國藩，卻因被灌迷糊湯而栽跟頭，好惡之可怕就在此。

透過表情看人

　　在所有生物中，人的表情是最豐富的，也是最複雜的。每個人都有一副獨特而不容混淆的臉相，即使雙胞胎也不例外。人們相見時，給人印象最深的就是臉。臉大致能反映出年齡、性別、種族烙印，而且表情也可以流露出該人當時的情緒變化狀況。

　　在高明的觀察者看來，每個人的臉上都掛著一張反映自己生理和精神狀況的「海報」。狄德羅（Denis Diderot）在他的書中說過：「一個人……他心靈的每一個活動都表現在他的臉上，刻劃得很清晰，很明顯。」

　　當人們與他人互動時，無論是否面對面，都會下意識的表達各自的情緒，與此同時也注視著對方做出的各種表情，正是這種過程，使人們的社會互動變得複雜而又細膩、深刻。

　　1912 年獲得諾貝爾獎的一位法國生理學家，在書中論述道：「我們會見到許多陌生的面孔，這些面孔反映出了人們的心理狀態，而且隨著年齡的增長，反映得將越來越清楚。臉就像一臺展示我們人的感情、欲望、希冀等 —— 切內心活動的顯示器。」

　　如下這些「臉語」是比較容易讀懂的：蹙眉皺額表示關懷、專注、不滿、憤怒或受到挫折等情緒；雙眉上揚、雙目張大，可能是表現驚奇、驚訝的神情；皺鼻，一般表示不高興、遇到

麻煩、不滿等等。

愉快的表情在日常生活中很常見，有如下特點。

· 嘴角拉向後方。

· 面頰往上抬高。

· 眉毛平舒，眼睛變小。

不愉快的表情的特點如下：

· 嘴角下垂。

· 面頰往下拉，變得細長。

· 眉頭深鎖，皺成倒「八」字。

此外，眉、鼻、嘴的不同動作也會表現出人的性格特徵。人們一般可以從面部發生的不同表情和動態中，窺探到對方的性格特徵和真實意圖的大致面目。

· **眉** —— 有心理學家研究，眉毛可有 20 多種動態，分別表示不同感情。中文常用詞語有：柳眉倒豎（發怒），橫眉冷對（輕蔑、敵意），擠眉弄眼（戲謔），低眉順眼（順從）。宋代詞人周邦彥有一句詞：「一段傷春，都在眉間。」這是因為一個人眉間的肌肉皺紋較為典型的表現出他的焦慮和憂鬱，而一旦眉間放開、舒展，則是心情變得輕鬆、明朗的標誌。

· **鼻** —— 鼻子的表情動作較少，而含義也較為明確。人在厭

惡時聳起鼻子，輕蔑時嗤之以鼻，憤怒時鼻孔張大，緊張對鼻腔收縮，屏息斂氣。

· **嘴** —— 嘴部的表情主要表現在口形變化上。傷心時嘴角容易下撇，歡快時嘴角會提高，委屈時通常噘起嘴巴，驚訝時伴有張口結舌的動作，忍耐痛苦時常常是緊咬下唇。所以，嘴唇的曲線能敏感而自然的暴露人的內心活動。

當一個人正在工作時，忽然沉默下來，而且，很明顯的露出不愉快的表情，那麼這種人在危機中，極難承受得起精神上的負荷。他屬於欲求不滿而又缺乏耐性的人，對於事態的發展無法應付自如；在實際生活方面，他根本就缺乏堅強的性格；如果是在逆境的情況下，他就會立刻表現出軟弱的本性。

這是一種失衡的表情，由於內心的衝突，使他的面部表情失去原有的平衡。對於一般人而言，佯裝出一種與感情不符的表情，是一件非常不容易的事情，因為內心的活動會造成他臉部肌肉發生連鎖反應，表情的變化隨之產生了。

如果某個職員不滿公司主管的言行，卻只能敢怒不敢言，只好裝出一副毫無表情的樣子。而事實上，不管這人如何壓抑那股憤怒的感情，內心的不滿依然很強烈，如果仔細觀察他的面孔，你會發現他的臉是僵直的面孔。

還有兩種可能造成毫無表情的情形。一種是漠不關心，另一種是根本沒有放進心裡去。當然，這也可能意味著他對人非

常關心，卻不願讓人輕易的看出來。

憤怒、憎恨、悲哀等感情能夠從面部表現出來，很容易成為阻礙正常社會活動的因素，所以人們都竭力設法壓抑這種負面的感情，而盡量表露出喜歡或笑容滿面的正面表情。在現實生活中，人們總是喜歡正面角色，而討厭反面角色，就是這個原因。

在現實生活中，最能表現這種現象的例子莫過於夫妻之間的爭吵。當彼此間的不調和達到很激昂的情況時，不快樂的表情反而會逐漸消失，結果呈露出愉快的笑臉，態度也顯得謙恭而親切。

如果彼此間常常會陷入強烈的敵意和反感之中，在對方的面前表現這種敵意和反感的話，不但會給對方帶來不愉悅，對家庭、社會都有不良的影響，所以，在這種心態的支配下，人們產生了言不由衷的表情。這是一種無奈的方式。

人的喜怒哀樂是透過臉部的活動來表達的。很少有人注意過人左右臉的變化並不是對稱的，表情先是由左臉開始的。

一位美國學者對人的面部表情做了深入的研究後，在論文中指出，人的臉部在表達情緒時，左邊要比右邊變化來得強烈。

論文發表後，美國賓州大學心理系三位心理學家隨即找了86個不同性格的人，進行了一系列實驗，結果證實了學者的論斷：人面部表情左右不對稱，表情變化是通常先由左臉開始的。

這是由於左臉是由大腦右半球所控制的緣故。大腦右半邊通常和外界有著直接的連結，不必透過言語作為媒介（言語是由左半邊控制的），因而左臉的表情要比右臉來得快、來得強一些。

這就是說，人的大腦分為左右邊，發自內心的感情通常由右腦控制，卻具體反映在左臉上；而左腦則專司理智性感情（即經過克制和偽裝的感情），然後反映在右臉上。因此左臉的表情多為真的，右臉的表情有可能是假的。若想知道對方的真實感情，必須強迫自己去觀察對方的左臉。

從對方表情上，能夠一眼洞察別人的內心動機，春秋時期的淳于髡是個中高手。

梁惠王雄心勃勃，廣召天下高人名士。有人多次向梁惠王推薦淳于髡，因此，梁惠王連連召見他，每一次都摒退左右與他傾心密談。但前兩次淳于髡都沉默不語，弄得梁惠王很難堪。事後梁惠王責問推薦人：「你說淳于髡有管仲、晏嬰的才能，哪裡是這樣，要不就是我在他眼裡是一個不足與言的人。」

推薦人以此言問淳于髡，他笑笑回答道：「確實如此，我也很想與梁惠王傾心交談。但第一次，梁王臉上有驅馳之色，表明他正想著驅馳奔跑一類的娛樂之事，所以我就沒說話。第二次，我見他臉上有享樂之色，是想著聲色一類的娛樂之事，所以我也就沒有說話。」

那人將此話告訴梁惠王，梁惠王一回憶，果然如淳于髡所言，他非常嘆服淳于髡的識人之能。

透過眼睛看人

人們常說，眼睛是心靈的窗口，透過一個人的眼睛，可以看出此刻他在想什麼。常見有人懷疑對方說謊話時，對他說：「看著我的眼睛！」此時若對方沒說假話，就會迎著挑釁的目光看過去，反之就會目光躲閃或乾脆眼觀別處、不予回答。一個人的眼睛不能掩蓋心裡的邪惡念頭，心胸純正，眼神就清澈、明亮；心胸不正，眼睛就昏暗、有邪光。從一個人的眼睛，可以清清楚楚的分辨一個人的品格高下、心術正邪。

孟子曾經指出，觀察一個人的善惡，再沒有比觀察他的眼睛更好的了，因為眼睛不能掩蓋一個人的醜惡。心正，眼睛則明亮；不正，則昏暗。聽一個人說話時，注意觀察他的眼睛，這個人的善惡能往哪裡隱藏呢？

一位心理學家在〈推銷員如何了解顧客的心理〉一文中說：「假如一個顧客眼睛向下看，而臉轉向旁邊，表示你被拒絕了；如果他的嘴是放鬆的，沒有機械式的笑容，下顎向前，他可能會考慮你的提議；假如他注視你的眼睛幾秒鐘，嘴角乃至鼻子的部位帶著淺淺的笑意，笑意輕鬆，而且看起來很熱心，這個買賣大概就有戲了。」

每一個人，不管自覺或不自覺，他的眼睛往往是他的靈魂的忠實解釋者，正如《簡愛》（*Jane Eyre*）中寫道：「靈魂在眼睛中有一個解釋者 —— 時常是無意的，但卻是忠實的解釋者。」

▶▶ 第二章　慧眼識人

　　從眼睛看人的方法由來已久。情所表現的最顯著、最難掩的部分，不是語言，不是動作，也不是態度，而是眼睛。言語、動作、態度都可以用假裝來掩蓋，而眼睛是無法假裝的。我們看眼睛識人，不在乎大小圓長，而重在眼神。

　　三國時，曹操派刺客去見劉備，刺客見到劉備之後，並沒有當時下手，而是與劉備討論削弱魏國的策略，他的分析極合劉備的意思。

　　不久之後，諸葛亮進來，刺客很心虛，便託辭上廁所。

　　劉備對諸葛亮說：「剛才得到一位奇士，可以幫助我們攻打曹操的勢力。」

　　諸葛亮卻慢慢的嘆道：「此人見我一到，神情畏懼，視線低而時時露出忤逆之意，奸邪之形完全洩漏出來，他一定是個刺客。」

　　於是，劉備連忙派人追出去，刺客已經跳牆逃去了。在瞬息之間，透過眼神的變化看出一個人的目的和動機，固然需要先天的智慧，但更多的是靠後天的努力，在環境中磨練和培養出來。諸葛亮能夠看透此人，主要是從他的眼神閃爍不定中發現破綻的。而那些儀表不俗、舉止軒昂之輩，想一眼識破他的行徑，就可能比較困難了。以下是一些透過眼神識人的方法。

‧　你見他眼神沉靜，便可明白，他對於你所認為著急的問題早已成竹在胸，應付之後，定操勝算。你只管向他請示辦

法，表示焦慮。如果他不肯說明白，這是因為事關機密，你不必要多問，只靜待他的消息便是。

- 如果你見他眼神散亂，便可明白，對於你所認為著急的問題他也是毫無辦法，困心焦慮之餘，反弄得六神無主。你徒然著急是無用的，向他請示也是無用的。此時，你得平心靜氣，另想應付辦法，不必一事多問，這只會增加他的煩躁。這時是你顯示本領的機會，還是快快自己去想辦法吧！

- 如果你見他眼神橫射，彷彿有刺，便可明白他對於你是異常冷淡的。如有請求，暫且不必向他陳說，陳說反而顯得你不知趣、不識相。你應該從速藉機退出，即使多逗留一會也是不合適的。你不妨退而研究他對你冷淡的原因，再謀求恢復感情的途徑。

- 你見他眼神陰沉，應該明白這是凶狠的訊號，你與他交涉須得小心一點。他那隻毒辣的手，正放在他的背後伺機而出。如果你不是早有準備想和他見個高低，那麼最好從速鳴金收兵，且防追奔逐北。

- 你一旦見他眼神流動異於平時，便可明白他是心藏詭計，想給你苦頭嘗嘗。這時你應步步為營，不要輕近，前後左右都可能是他安排的陷阱，一失足便跌翻在他的手裡。他是個詭而不正的人，不要過分相信他的甜言蜜語，這是鉤上的餌，是毒物外的糖衣，要格外小心。

- 你見他眼神呆滯，唇皮泛白，便可明白他對於當前的問題惶恐萬狀，儘管口中說不要緊、有辦法，其實他雖未絕望，也的確還在想辦法，卻一點也想不出所以然來。你不必再多問，應該退去考慮應付辦法，作為互相切磋的資料，如果你已有辦法，應該向他提出，並表示有幾成把握。
- 你見他眼神似在發火，便可明白他此刻是怒火中燒，意氣極盛，如果不打算與他決裂，你應該表示可以妥協，速謀轉機。否則，再逼緊一步，勢必引起爭鬥，甚至發生正面的劇烈衝突。
- 你見他眼神恬靜，面有笑意，你可明白他對於某事非常滿意。你要討他的歡喜，不妨多說幾句恭維話；你要有所求，這也是個良好機會，相信他一定比平時更容易滿足你的願望。
- 你見他眼神四射、魂不守舍，便可明白他對於你的話已經感到厭倦，再說下去必無效果。你如果不趕緊告一段落，或乘機告退，或者尋找新話題，談談他所願聽的事，便是自討沒趣了。
- 你見他的眼神凝定，便可明白他對於你的話認為有一聽的必要，應該按照你預定的計畫，婉轉陳述。只要你的見解不差，你的辦法可行，他必然是樂於接受的。
- 要是你見他眼神下垂，連頭都向下傾了，便可明白他是心

有重憂、萬分苦痛。你不要向他說得意事，你的得意事反而會加重他的苦痛；他也不該向你說苦痛事，因為同病相憐越發難忍。你只好說些安慰的話，並且從速告退，多說也是無趣的。

透過握手看人

握手寒暄現在可以說是最普遍被採用的世界性「見面禮」。

握手是從原始的雙手舉起的姿勢（表示沒有攜帶武器）演變而來，後來採用羅馬式手碰胸的姿勢表示問候之意。在羅馬帝國時代，人們並不握手，而是抓著彼此的前臂。在現代，握手是表示歡迎，手心張開表示公開，而接觸表示合二為一。

握手這一形式雖然簡單，但每個人握手的方式都不盡相同。美國一位心理學家在一本書中指出，一個人與人握手時所採用的方式，能反映出他的個性。

使勁握手的人，通常表示他的主動性很強，而且充滿了信心，反之，不大用力氣握手的人，除表示其身體欠佳、有氣無力外，就是其性格脆弱。在公共場合裡，不斷的前去和陌生人握手，表示這個人富有社交經驗或是強烈的自我表現欲。

利用握手的方式，怎樣才能了解對方微妙的心理活動呢？最具代表性的一種現象，就是透過手的溫度來判斷。

在人的身體中，當發生恐怖或驚嚇的感情變化時，跟自己

無關的自我神經意識會突然活動起來，並引起呼吸的緊張、血壓與脈搏的變化或是汗腺的興奮等。你如果跟對方握手時，發現對方的手掌出汗，這就表示對方的情緒高漲，也可以說是失去心理平衡的表徵。有些女性表面上看來冷若冰霜，但若握住她的手，卻發現她的掌心有些濕，這是男性的容貌、身體或者語言、氣氛等，引起了她某種興奮的表現。

我們可從握手的用勁與否以及手掌感觸，來窺視對方內心的祕密。日本有一個眾所周知的「可倫坡刑警的握手法」，說的是有些刑警一旦與犯人握起手來，馬上就將犯人「握」進一種不利的境況。因為這些刑警握手的時候力氣大，同時又翻起上眼皮注視對方的眼睛。犯人被握著手，只要一接觸到刑警的視線，內心就會掀起一陣不安。在把犯人逼進這種心理狀態後，刑警便運用巧妙的心理戰術，從而一步步的深入對方的內心。

有趣的是，國外甚至有人認為不同的手表示著不同的智力結構和思維方式。一位英國學者指出：人的手相不同，其思維方式也不同。如手指強健發達、手型方正的人，思維精確而持久；手指骨關節突出，拇指、手掌都很大的人，擅長邏輯思維；手指錐形、柔和纖細的人，以形象思維見長等等。他的這種觀點頗似中國民間的「相骨術」。

既然可以在一個人手掌上尋求別人的歷史，測知他的智力結構和思維方式，所以，當我們與人握手時，不妨也留意一下對方那雙手的狀況。

　　以下是由美國心理學家列舉的不同的握手方式及它們所透露的心曲。

· **摧筋襲骨式**：握手時，緊抓對方手掌，大力擠握，有時會令對方痛楚難忍而自己全然不曉。此類人精力充沛，自信心強，為人則偏於獨斷專行，但組織能力及領導才能都很突出。

· **沉穩專注型**：握手時力度適中，動作穩實，雙目注視對方。此類人個性堅毅坦率，有責任感而且可靠，思想縝密，善於推理，經常能為人提供建設性的意見。每當困難出現時，總是能迅速的提出可行的應付方法，很得他人的信賴。

· **漫不經心型**：握手時只輕柔的觸握。此類人隨和豁達，絕不偏執，頗有遊戲人間的灑脫，謙和從眾。但有時候，這種形式也有輕視對方的意思。

· **雙手並用型**：握手時習慣雙手握住對方的手。此類人熱誠溫厚，心地良善，對朋友最能推心置腹，喜怒形色而愛恨分明。這種形式有時在有求於他人時會較多表現。

· **長握不放型**：握手時握持對方久久不放。此類人情感豐富，性喜結交朋友，一旦建立友誼，則忠誠不渝。

· **手指抓握型**：握手時只用手指抓握住對方而掌心不與對方接觸。此類人個性平和而敏感，情緒易激動。不過，有時也表現出存有戒心。

- 　**上下搖擺型**：握手時緊抓對方，不斷上下搖動。此類人極度樂觀，對人生充滿希望。他們積極熱誠，是受人愛戴、傾慕的對象。
- 　**規避握手型**：有些人從不願意與人握手。他們個性內向羞怯、保守但卻真摯。

透過細節看人

　　外表可以打扮，言語可以偽裝，有高明演技的人還可以把表情演得滴水不漏。這時候，你除了可以透過眼神看人外，還應該睜大眼睛，從對方下意識做出的一些細節中評判對方。

　　曾有一個公司舉辦了一次面試，想物色一位經理，入圍者都是一些才高八斗、學富五年之人。無論學識上還是業務能力上，大家都相差無幾。最後的結果，入選者是小李。大家都想知道公司的甄選標準。

　　沒多久，公司的總裁出來了，他對這群面試者說：「各位都是優秀的人才，你們都胸懷大志，才華橫溢。但敝公司更需要一個腳踏實地的人。不知剛才諸位進門時，是否注意到腳邊有一把倒在地板上的掃帚。也許諸位忙於應試無暇顧及或是根本視而不見。」

　　「我看見你們所有的人，或是繞道而行，或是踏它而過，沒有一個把它扶起來。只有小李伸手把這把掃帚扶起來，放到了

牆邊。這個舉動不是刻意去做的，這是他的一個習慣而已。我們需要的正是這樣一個具體做小事的人。各位先生，很抱歉，這把倒地的掃帚是我們最主要的考題，諸位都交了白卷。」

其他的面試者都帶著慚愧的神色離去了。從這個故事裡我們可以看出，一個不經意的動作，其實可以反映出一個人的性格和修養。

一、從小的變化看人

在美國有個極富遠見的婦女，一天，這位婦女突然提領了自己多年存在某銀行的所有存款，幾天之後，這家銀行倒閉了。很多人都十分納悶她到底是怎樣猜到的。這位婦女說：在不久前的一次聚會上，她見到這家銀行的總經理。她發現這位老闆服飾講究，連指甲都經過高級美容店精心修整。她當即感到自己的存款有化為烏有的危險，因為一個事業心很強的男子是不會花費這麼多精力和錢財來修飾自己的。可見，這個婦女以小識人的本領確實不同一般。

從細小處看人就是能見微知著，並迅速做出反應和對策。要能看清事物的本質，不能因為表面的虛像和情感的左右而看花了眼。人的思想、品格、個性及其追求的目標，決定了他的所作所為，也決定了他的發展方向和發展前途。箕子是商紂王的庶兄，身為太師的他是一個能見微知著的人物，能準確的預知事物的結局。紂王繼位後不久，命工匠為他琢一把象

牙筷子。箕子於是感慨的說：「象牙筷子肯定配不上土瓦器，而要配犀角雕的碗，白玉琢的杯。有了玉杯，又不能盛野菜湯和粗飯，而要盛山珍海味才相配。吃了山珍海味，就不再願穿褐布粗衣，也不願住草房陋室，而要穿錦繡的衣服，乘華貴的車子，住高樓廣室。這樣下去，商國境內的物品也不能滿足他的欲望，還要去徵收遠方各國的珍貴奇異之物。從象牙筷子開始，我看到了以後發展的結果，不由得為此擔心。」果然紂王的貪欲越來越大，他的所作所為大家都已知曉。

二、從小的舉動看人

崇德七年（西元 1642 年），明朝大將洪承疇在松山戰敗被俘。皇太極極力勸其投降，但洪承疇誓死不降，罵不絕口，表示只求速死。皇太極無可奈何，只得煩勞范文程前往勸降。

范文程是清王朝的開國元勳，著名的謀略家，宋朝名臣范仲淹的後代，祖輩移居瀋陽。他原是明朝落第秀才，滿腹經綸，有智謀，有遠見。努爾哈赤興起後，范文程在撫順謁見他，對策論學，縱橫古今，受到努爾哈赤的重視。

范文程去看望洪承疇，且不提起勸降之事，只是天南海北、說古道今的隨便閒談，從中觀言察色。說話中，梁上積塵落在洪承疇衣襟上，洪承疇這個決意將死之人卻幾次輕輕將落塵拂去。這個下意識的動作，他人不會留意，卻逃不脫明察秋毫的范文程的目光。他由此判定洪承疇必可說降。他向皇太極

蠻有把握的報告：「我看洪承疇是不會死的。他連自己的衣服都那麼愛惜，更何況自己的性命呢！」

皇太極聞聽此言大喜，洪承疇一鬆動，對他統一中原是十分有利的，果然事情不出范文程的意料之外，經過孝莊皇后美人計和巧妙耐心的勸降行動，一向自視為明朝最後一位忠臣的洪承疇最終還是俯首就範了。范文程由表及裡、觀察入微的識人之術，透過仔細觀察對方外部特徵，推測其心理活動，達到神奇絕妙的地步。

三、透過小事看本質

人是有理性的動物，人的行為大多是有目的、有計畫的。從一定意義上可以說，人的行為是人的心理活動的結果。人的心理藏於內心深處，如果本人不願流露，外人很難把握。但心理總要透過一定的跡象外現出來，「寓於內心必形之於外」，而人的行為就是心理跡象的表現形式之一。為此，從現象發現本質，從行為觀察心理，就成為識人的一條重要途徑。

動物也有著預測災難的本領，例如鸛鳥能夠預測洪水的到來，所以為了安全，鸛鳥把牠的巢遷移到了城門旁邊墓門的石碑上來。但洪水沖倒了石碑，鸛鳥還是無家可歸，這使牠又感到危險了，這可能因為牠考慮得不夠長遠。人的聰明之處就在於能從細微之處看到事物本質，從而制定長遠的發展目標。

唐德宗時，潘炎為翰林學士，享受的恩寵非同尋常。有個京

兆尹要拜會潘炎，但沒有見到，就賄賂給看門人 300 匹細絹。潘炎的妻子知道了這件事，對丈夫說：「同為臣子，而京兆尹為了見你一面，竟給看門人 300 匹細絹，可知你的處境很危險了。」於是力勸丈夫辭職，這樣，潘炎終於躲過了後來的危險。

　　宋朝人陳瓘在一次朝會上，偶然發現了蔡京。只見蔡京眼睛盯著太陽，很久很久，眼睛都不眨一下。為此，他總是對人說：「以蔡京這種精神狀態，以後肯定能夠升為顯貴。但他目空一切，居然敢於和太陽為敵。恐怕得志之後，要獨斷專橫，肆意妄為，心中沒有君主。」後來，他做了諫官，就不斷的攻擊蔡京。因為蔡京的真面目還沒暴露，人們都說陳瓘有些過分。而陳瓘則常常用「射人先射馬，擒賊先擒王」的詩句自勵，越攻越激烈。後來事實證明，蔡京真的像陳瓘說的那樣。

識別小人慣用伎倆

　　任何時代都有小人存在。他們招搖撞騙、挑撥離間、見風使舵、過河拆橋、謠言惑眾，讓人際關係蒙上一層陰影。小人的臉上並沒有貼標籤，他們有的外表英俊瀟灑，有的能說會道，將一副君子的外衣披得嚴嚴實實，令人防不勝防。

　　我們只有充分認識小人的種種伎倆，才能及時識破他們，不致為其所迷惑，也才能對症下藥，及時採取對策，防止上當受害。整體來說，小人慣用的伎倆有如下 10 種。

一、狐假虎威

上有所好，下必甚焉。小人為了實現個人的私欲，往往會一味的討好上級，看上級的臉色行事，精心揣摩上級的心理，曲意奉承，博取上級的歡心；而後，就以上級為靠山，借「虎威」去壓制別人，凌弱、凌下以諛上，諛上以進一步售其奸。

二、趁火打劫

對小人來說，掌握時機至關重要。他們深知，時機掌握得巧妙，甚至可使其不正當的行為變成「光明正大」的行為。如果沒有掌握好時機，小人的行徑則易為人們所識破。尤其當力量對比發生變化時，小人會隨機應變。對方力量過於強大，他們就會暫時掩蓋自己的真實面目；如果對方處境不妙，小人就會乘虛而入。

這些小人並非用明顯的手法來破壞工作或挑撥離間，而是用個人處事的態度來影響別人。煽陰風、點鬼火，利用陰謀詭計來破壞他人之間的關係，使整個團隊都人心惶惶、意志消沉、士氣低落。小人不僅不求上進，還想方設法讓其他人不進步。

三、搬弄是非

靠搬弄是非挑撥人際關係，是小人實現個人目的最簡單、最方便的方法。現實生活中，許多小人出於一點私欲，在達不到個人目的的時候，便常常會捕風捉影，大放厥詞，把白的說成黑

的，把小的說成大的，把方的說成圓的，歪曲事實真相，使該親近的人疏遠了，該疏遠的人反而親近了，造成人際關係的扭曲。

四、挑撥離間

　　小人行事大都喜歡在暗處偷偷摸摸，陰一套、陽一套。他們深知「鷸蚌相爭，漁翁得利」的道理，用種種卑鄙的方法離間別人，挑起別人之間的矛盾，等到被離間者相互爭鬥時，他們卻從中獲利。因此，我們與人互動時，一定要明察，千萬不可偏聽偏信，以免讓小人鑽漏洞、上小人的當，為自己的工作和生活帶來麻煩。

五、見風使舵

　　小人沒有獨立的意志和人格，他們是道道地地的變色龍，只要有需求、有可能，他們會立即轉變方向或立即將自己說過的話改口。他們善於觀察和揣摩別人的心思，時時看上級的臉色行事，時時注意事物的發展趨勢，時時都做好「見風使舵」的準備。他們的絕招是眼觀六路，耳聽八方，為了私欲，隨機應變。

六、謠言惑眾

　　小人深知「空話重複千遍就會變成真理」的道理。單靠自己的力量難以實現其私欲時，他們就會採取造謠惑眾的行為。他們造謠時，往往偽裝得理直氣壯，給予聽者真實感、可信感，因而具有很大的欺騙性，很容易迷惑聽眾。

七、過河拆橋

　　小人沒有真正的朋友，他們暫時結交的朋友，都是為了貪圖一時的私利。對於小人來說，自身利益高於一切，只要需要，他們可以立刻和朋友反目成仇，甚至不惜落井下石；一旦有利害衝突時，他們可以犧牲朋友甚至親人，以此來換取自己的「幸福」。在他們心目中，只有對自己有用、有利的人才算「朋友」。

八、招搖撞騙

　　小人會打著某種吸引人的招牌，冒充名人、學者、導演、記者等，甚至裝扮成神仙、和尚乃至乞丐，以便行騙。

九、欲擒故縱

　　欲擒故縱，實則先退後進，退既可自守，又可使他人放鬆警惕，一旦時機成熟，小人便會不顧一切的進行攻擊，直到達到最終目的，主要表現以下三種情況：一是故意在別人面前表現出自己寬厚仁慈、老實誠懇、公正博愛的形象，有時為了達到某一目的，不惜暫時忍痛割愛，投別人所好，以此贏得人心，一旦條件成熟則反守為攻。二是先給予對方某些好處或小恩小惠，讓對方嘗到小甜頭，一旦對方真的落入圈套，則覆手為雨，讓其被困挨宰。三是採取拉與打相結合的方式，先拉後打，拉的目的是為了打。這些伎倆充分暴露了小人的虛偽、狡

詐，對這種小人招術，我們千萬不可大意，也不可手軟、耳軟、心軟。

十、暗箭傷人

　　小人喜歡躲在笑臉後面攻擊人，從不肯正面向人挑戰，要麼是在背後誹謗人，要麼半開玩笑似的攻擊人，要麼就是指桑罵槐。你若做公開的反擊顯得小氣，不與之計較又讓人以為你膽怯。小人正是利用人性的弱點，大肆施展自己的伎倆，達到自己不光彩的目的。

第三章　瞄準目標才能一箭中的

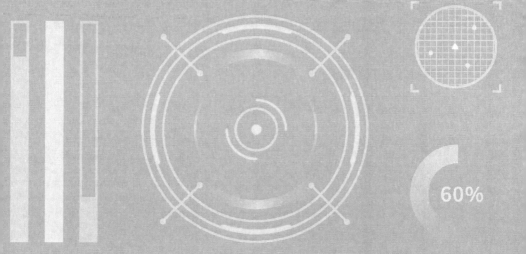

60%

　　小獵手在家練成百步穿楊的箭法後，躊躇滿志的跟著父親上山打獵。

　　他們走到森林中的一片水窪邊，發現了一大群的野雞、野兔、野鹿。這時，野獸們也覺察到情況的異常，四處逃竄。小獵手的父親是一個有經驗的獵人，雖然年事漸高、眼睛有些不管用，但還是獵獲了三隻野兔和一隻野鹿。小獵手卻一箭未發，沒有任何收穫。

　　小獵手的父親問小獵手：「孩子，你已練成百步穿楊之術，為什麼不展示出來呢？」

　　小獵手回答：「我看見那麼多野獸，一時竟不知射哪隻好。」

成功者都是從一個目標開始的

　　沒有目標的小獵手，空有一身百步穿楊的好技藝，卻得不到任何獵物。如果一個人沒有目標，就只能在人生的旅途上徘徊，永遠到不了目的地。

　　美國著名小說家傑克‧倫敦（Jack London）說：「沒有目標的人改變人生的唯一方式就是占領目標，像士兵撲向碉堡一樣勇猛！」目標就是對於所期望成就的事業的真正決心。目標比幻想好得多，因為它可以實現。有了目標，人就有了前進的方向，就能夠一步步的改變自己，最終達到美好的人生境界。

　　目標在整個人生旅途中都起作用，而且它的作用是極大的。

第一，目標能使我們產生力量和積極性。

你為自己定下目標之後，它就在兩個方面起作用：既是你努力的依據，也是對你的鞭策。目標為你提供了一個看得著的射擊靶。隨著你努力實現這些目標，你就會有成就感。對許多人來說，制定和實現目標就像一場比賽，隨著時間的推移，我們實現了一個又一個目標，這時我們的思考方式和工作方式也會漸漸改變。

需要特別強調一點，你的目標必須是具體的、可以實現的。如果計畫不具體，就無法衡量你是否實現了，那會降低你的積極性。這是因為向目標邁進是動力的泉源，如果你無法知道自己向目標前進了多少，你就會洩氣，進而甩手不做了。

52 年前的一個清晨，加州海岸籠罩在罕見的濃霧中。在海岸以西的卡塔林納島上，一個 34 歲的勇敢女人涉水下到太平洋，開始向加州海岸游過去。如果她成功了，她就是第一位游過這個海峽的女性。她叫費羅倫絲·查德威克（Florence May Chadwick），曾是第一個從英法兩邊海岸游過英吉利海峽的女性。

那天早晨，海水凍得她身體發麻；霧很大，她連護送她的船都幾乎看不到。時間一個小時一個小時的過去，千千萬萬的觀眾在電視機前看著她的進程。有幾次，鯊魚曾靠近她，被人開槍嚇跑，她仍然在繼續堅持。在以往這類渡海游泳中，她遇到的最大問題不是疲勞，而是刺骨的水溫。

　　15 個小時過去了，她很累，又凍得發麻。她意識到自己不能再游了，就叫人拉她上船。她的母親和教練在另一艘船上，告訴她海岸很近了，叫她不要放棄。但她朝加州海岸望去，除了濃霧，什麼也看不到。

　　幾十分鐘之後 —— 從她出發算起，15 個鐘頭又 55 分鐘後，人們把她拉上船。又過了幾個鐘頭，她漸漸覺得暖和多了，卻開始感到失敗的打擊。她不假思索的對記者說：「說實在的，我不是為自己找藉口，如果當時我看見陸地，也許我能堅持下來。」

　　其實，人們拉她上船的地點，離加州海岸只有半英里！後來她曾說，令她半途而廢的不是疲勞和寒冷，而是她在濃霧中看不到目標。查德威克一生中只有這一次沒有堅持到底。兩個月之後，她成功的游過同一個海峽，成為第一位游過卡塔林納海峽的女性，而且比男子的紀錄還快了約 2 個小時。

　　查德威克雖然是個游泳好手，但也需要看見目標，這才能讓她鼓足幹勁完成她有能力完成的任務。這一實例說明了這樣的一個道理：當規劃個人的成功時，千萬別低估了制定可測目標的重要性。

　　第二，目標能使我們看清自己生活的使命。

　　每一天，我們都可能遇到對自己的人生和周圍環境不滿的人。其實，在這些人中，有 98% 的人對心目中喜歡的世界並沒有清晰的圖畫，也沒有改善生活的目標。一個人沒有目標就不會去鞭策自己，就會繼續生活在一個他無意改變的世界上。

有一位醫生曾對活到百歲以上老人的共同特點做過大量研究。他在一次演講中讓聽眾思考這些人的長壽祕訣，大多數聽眾列舉了食物、運動、節制菸酒以及其他有益健康的東西。然而，令聽眾驚訝的是，醫生告訴他們，這些壽星在飲食和運動方面沒有什麼共同特點。他發現，他們的共同特點是對待未來的態度——他們都有人生目標。

制定人生目標未必能使你活到100歲，但必定能增加你成功的機會。人生倘若沒有目標，你肯定會一事無成。貿易鉅子傑西潘尼（J. C. Penney）曾說：「一個心中有目標的普通職員，會成為創造歷史的人；一個心中沒有目標的人，只能是個平凡的職員。」

第三，目標有助於我們按順序安排工作和生活的輕重緩急、大小巨細。

制定目標的一個最大好處是有助於我們安排日常工作的輕重緩急。沒有這些目標，我們很容易陷進跟理想無關的日常瑣事中。一個忘記最重要事情的人必然成為瑣事的奴隸。有人曾經說過「智慧就是懂得該忽視什麼東西的藝術」，道理也就在於此。許多年前，某報曾做過300隻鯨魚突然死亡的報導：這些鯨魚在追逐沙丁魚時，不知不覺被困在了一個海灣裡。有人對此事評價說：「這些小魚把海上巨人引向死亡，鯨魚追逐小利而暴死，為了微不足道的目標而空耗了自己的強大力量。」

　　沒有目標的人，就像故事中的那些鯨魚，有強大的力量與潛能，但卻把精力放在小事情上，這使他們忘記了自己本應做什麼。說得透澈一點，要發揮潛力，就必須全神貫注於自己有優勢並且會有高報酬的方面。目標能幫助人們集中精力，當不停的在自己有優勢的方面努力時，這些優勢會進一步的發展。最終，在達到目標時，人們會突然覺得自己成為什麼樣的人比得到什麼東西要重要得多。

　　第四，目標使我們有能力把握現在。

　　雖然目標是朝向將來的、有待將來實現的，但它也使我們把握住現在。這是因為目標要求我們把大的任務看成是由一連串小任務和小步驟組成的，無論要實現什麼理想，都要制定並且達到一連串的目標。每個重大目標的實現都是若干小目標小步驟實現的結果。所以，我們要集中精力於當前的工作，心中明白現在的種種努力都是為實現將來的目標鋪路，這樣才能成功。

　　第五，目標有助於評估我們生活的進展。

　　不成功者存在一個共同的問題：他們極少評估自己獲得的進步。大多數人或者沒有意識到自我評估的重要性，或者無法量度自己獲得的進步。

　　目標為我們提供了一種自我評估的重要方法。如果它是具體的、看得見摸得著的，我們就可以根據自己距離它有多遠，來衡量目前獲得的進步。

　　成功人士總是事前決斷，而非事後補救的。他們一般提前謀劃，而不等指示，不允許其他人操縱他們的工作進程。不這樣進行事前謀劃的人是不會有進步的。

　　目標能幫助我們事前謀劃，目標迫使我們把要完成的任務分解成可行的步驟。要想成功，我們就要先有目標，正如 18 世紀發明家、政治家富蘭克林在自傳中說的：「我總認為一個能力很一般的人，如果有個好計畫，是會有大作為的。」

　　目標還可以使我們把工作重點從工作本身轉到工作成果。

　　不成功者卻常常混淆了兩者。他們以為大量的工作，尤其是艱苦的工作，就一定會帶來成功。其實任何活動本身並不能保證成功，這就是說，成功的尺度不在於做了多少工作，而是獲得了多少成果。

　　目標有助於我們避免這種情況的發生。如果你制定了目標，又定期檢查工作進度，你自然就把重點從工作本身轉移到了工作成果，對單純用工作來填滿每一天的情況，你就也不能接受了。透過獲得足夠的成果來實現目標，這才是衡量成就大小的正確方法。隨著一個又一個目標的實現，你會逐漸明白要實現目標需要多大的力氣，往往還能悟出如何用較少的時間來創造較多的價值，反過來可以引導你制定更高的目標、實現更偉大的理想。隨著工作效率的逐漸提高，你對自己、對別人也會有更準確的看法。

　　一位從貧民窟中走出的紐約州州長，在其就職演說中有這麼一段話，他說：「在這個世界上，目標這種東西任何人都可以免費獲得，所有成功者最初都是從一個目標開始的。」

　　有人說，目標猶如火焰，當陰霾蔽日時，指引你奔向光明的前程；有人說，目標宛似溫泉，當冰凌滿谷時，沖洗你身心暖融融；有人說，目標好比葛藤，當你向險峰攀登時，引導你拾級而上；也有人說，目標就像金鑰匙，當你置身於人生迷宮時，幫助你擷取皇冠上的明珠。

　　目標並不深奧，它就是自己為之奮鬥所要得到的東西。任何人都可以把夢想變為現實，但首先必須擁有能夠實現這一夢想的目標。目標是力量的泉源、成事的基石。

如何確定自己的目標

　　當談論「目標」這個話題時，人們最為困惑的一個問題就是：如何確定確實可行的目標。任何一個不具備可行性的目標都是無用的。

　　人生目標可以和個人生活有關（如改善和配偶的關係），也可以和工作有關（如爭取升遷以提升在公司的影響力），或兩者兼顧（如找一份不須整天面對電腦的工作以增加和別人相處的機會）。這些目標可以描繪出理想的人生藍圖，也是自己精力的主要投注之處。

　　國外的成功學研究者發現，雖然某些目標不難達到，但如果它能具備下列五個特質，就將更容易完成。

1. **具體**：「寫一份計畫書」，這不能視為目標，最多只是一個想法或需求而已；但「每天寫三頁，直到計畫完成」，這就是一個具體的目標。「要有更多閒暇時間」，這是一個夢想；但「空出三個星期到希臘走走」，這則是一個目標。具體的目標還有另一個好處：它可以讓你更清楚的知道自己是否已達到目標。

2. **可量化**：只有確定一個量化的目標，才能衡量每日進度，才能幫助你了解目標的完成狀況及未來所須努力的程度。

3. **可達到**：在妥善運用所有資源（時間、金錢、教育、經驗及技能）的情況下，你的目標能否在合理時間內達到，比方說五年內？你要清楚：不論目標設定過高或過低，它都會消磨你的志氣。

4. **實際**：這個目標是否是你真正想要的？如果想賺更多的錢，你願意犧牲目前生活中的哪一項去交換？這些都是需要你認真思考的問題。也許你所獲得的還比不上失去的；可能你因職位升遷而嘗到了擁有權力的好處，但卻被隨之而來的責任壓垮。這些都是目標不實際帶來的後果。

5. **時效**：有效的規定期限能夠提升生產力與工作品質。要在最後期限內達到預定目標的一個方法是：把最後完成期限

分成許多較短的完成期限。這就是說，如果你希望在下個
月底完成某一目標的話，不妨將工作分成幾個段落，然後
對其分別設定期限，這樣達到目標的機率會較大。例如，
你可以要求自己分別在上、中、下旬完成某些工作。有了
一個最後期限的壓力，可以促使你努力工作；設定次要的
完成期限，則可分散工作壓力，並能讓你集中心力，一次
認真完成一件事。

　　將以上五個特質綜合起來，有利於幫助你找到一個最符合
你實際情形的目標。你可以找幾張紙，分別寫下每個目標，這
種方式可讓目標更具體可行，而不只是漂浮在腦海中的空想。
畢竟，一個停留在腦海中的想法，一不留神就會被其他更緊急
的事情取代。如果能寫在紙上，它就會成為一個無處不在的提
醒，要求你集中精力，並且隨時留意自己的進度。

　　那麼，我們具體該怎麼確定合適的目標呢？以下是 6 點
建議。

1. **目標應該是明確的**：有些人有自己的奮鬥目標，但他的目
   標是模糊的、泛泛的、不具體的，因而也是難以掌握的，
   這樣的目標其實與沒有差不多。

   　　舉個例子，一個人在少年時期確定了要成為一名科學家的
   目標，這樣的目標就不是很明確。科學的門類很多，究竟
   要成為哪一學科的科學家，確定目標的人其實也並不是很

清楚，因而目標也就難以掌握。

如果目標不明確，人們行動起來就會有很大的盲目性，也就有可能浪費時間和耽誤前程。

生活中有不少人，有些甚至是相當出色的人，就是由於自己確定的目標不明確、不具體而最終一事無成。

2. **目標應該是實際的**：一個人確定奮鬥的目標，一定要根據自己的實際情況，要能夠有助於發揮自己的長處。

如果目標不切實際、與自身條件相差甚遠，它就不可能達到。為一個不可能達到的目標花費大量精力，這與浪費生命沒什麼兩樣。

確定實際的目標，最重要的就是要分清楚欲望和需求。

我們通常把欲望和需求混為一談，以致我們看不到真正本質性的東西。由於這種混淆很容易扭曲我們對成功的界定，因此，把我們真正需要的事物與那些我們不需要的，但僅僅是欲望對象的事物區別開來，這是很重要的。

柏拉圖說：「在奢侈品不被需要、必需品也成為多餘時，人生是最幸福的。」要想感受到真正的成功，我們就必須滿足自己基本的需求。然後，我們再繼續努力去實現那些最終欲望或得到奢侈品，但它們不是幸福的真正基礎。如果不首先滿足身體的需求而去追求欲望，我們就極有可能置自己於悲慘的境地。

許多人確立的目標往往反映出他的欲望，但這卻與其需求

相矛盾。曾經有這樣一個年輕人，他經常確立那些使他承受超越自身壓力極限的目標。他宣稱：「我必須為自己確立目標，否則我將沒有成就感。」於是，第一天，他強迫自己跑兩英里；第二天，他跑了三英里；在兩週內，他跑步的距離達到七英里；在第四週，他拉傷了韌帶，三個月不能跑步。在他的其餘愛好、工作中，這個模式也在不斷的重複著。作為一個汽車推銷商，他習慣性的為自己制定一些不可企及的目標。可以預見，他的目標必定常常落空。這使他感到萬分沮喪，對家人、朋友動輒發火。透過分析他的情況，我們看到，正是那些習性使然的目標讓他筋疲力盡，因為這些都是根據其欲望、而非需求制定的。

一旦這個運動員不再用距離和速度來衡量自己的表現，他就會發現自己對體育運動更感興趣、更少受傷，對堅持鍛鍊的計畫也更有熱情。如果他把同樣的原則應用於工作，他就會發現適度的成就目標使他有更多的成功機會，這反過來又會讓他在家庭中保持一種積極的情感。逐漸的，他會發現自己絕大部分欲望已經變為現實，但不是刻意追求它們，而是先保證基本需求的滿足，而後逐步發展。

3. **目標應該是專一的**：一個人確定的目標要專一，而不能經常變換不定。

確定目標之前需要深入仔細的思考，要權衡各種利弊，要考慮各種內外因素，以便使自己能從眾多可供選擇的目標

中找到最合適的。

一個人在某一個時期或其一生中，一般只能有一個主要目標，目標過多會使人無所適從、應接不暇。

有些人可能做的事情很多，但結果沒有一樣做得精。曾經有一位房地產商人，居然記不清自己手頭到底有多少宗交易。他先是做一棟建築物的生意，接著增加到兩棟，後來信用更大了，擴展到其他業務。他曾回憶說：「刺激得很，我在測試自己的極限。」

有一天，銀行發來通知，說他擴張過度，冒太大風險，並停止給他信貸。這位奇才於是失敗了。

起初，他怨天尤人，埋怨銀行、經濟環境、職員。最後他清醒的意識到：「我明白我沒有量力而為—欲速則不達。」緊接著，他重定目標，找出最拿手的生意—發展房地產。他熬了好幾年，終於又慢慢振作起來。如今，他又成為一位成功的商人，做事也更有分寸了。

生活中有一些人之所以沒有什麼成就，很重要的一個原因就是經常確立目標而又經常變換目標，所謂「常立志」者就是指這樣一種人。

4. **目標應該是特定的**：目標不能過於廣泛，而應該確定在一個具體的點上。這就如同用放大鏡聚集陽光使一張紙燃燒一樣，要把焦距對準，紙片才能點燃。如果不停的移動放大鏡，或者對不準焦距，都不能使紙片燃燒。

　　這也好像建造一棟大樓一樣，平面圖設計不能只是個大概
樣子或者含糊不清，而必須在面積、結構、樣式等方面都
是特定和具體的。目標應該用具體的細節反映出來，否則
它就會顯得過於籠統而無法付諸實施。

5. **目標應該是長期的**：一個人要想獲得極大的成功，就要確
立長期的目標，要有長期打硬仗的思維和心理準備。任何
事物的發展都不是一帆風順的，世界上的確沒有一蹴而就
的事情。

　　確定了長期的目標，就不怕暫時的挫折，也不會因為前進
中遇到困難而畏縮不前。許多事情，不是一朝一夕就能完
成的，這需要持之以恆的精神，必須付出時間和代價，甚
至一生的努力。

6. **目標應該是遠大的**：目標有大小之分，這裡講的主要是有
重大價值的目標。只有遠大的目標，才會有崇高的意義，
才能激起人們心中的渴望。

目標必須是自己的

　　美國著名的不動產經紀人安德魯最初是葡萄酒推銷員，這
是他的第一份工作，他不知道自己還能做什麼，於是他認為自
己的目標就是「賣葡萄酒」。最初他為一個賣葡萄酒的朋友工
作，接著為一名葡萄酒進口商工作，最後與另外兩個人合作經

營了自己的進口業務，這並非出自熱情，而正如他自己所說：
「為什麼不？我過去一直在賣葡萄酒。」

　　不巧的是，生意越來越糟，可安德魯還是拚命的抓住最後
一根稻草，直到公司倒閉。他還是不改行，因為他不知道自己
還能做什麼。

　　事業的失敗迫使他去上一門教人們如何創業的課。他的同學
有銀行家、藝術家、汽車修理工人等，他逐漸認知到這些人並不
認為他是個「賣葡萄酒的」，而認為他是個「有才能的人」、
「擅長多種技藝的人」，這些看法使他拋棄了原來的目標。

　　他開始猛醒，仔細分析，探索其他行業，思考自己到底想
做什麼。最後，他選擇和太太一起發展不動產業務，這讓他獲
得了推銷葡萄酒永遠也不能帶來的成功。

　　許多職業專家認為，一個人一生中至少要經過兩、三次的
變換，他才能最後找到適合自己特長的事業，而確定自己合理
的目標，則需要同樣長的一段時間。

　　18 世紀英國的一位政治家說過：「無法付諸實現的事物，是
不值得我們去追求的。在這個世界上，若是經過了解以及正確
的追求而仍然無法得到的東西，那麼這種東西對我們毫無益處
可言。」

　　日復一日，年復一年，你永遠要有目標 —— 屬於自己的目
標，不是別人強加在你身上的目標 —— 這是你自己真正的目標。

　　目標必須是你自己的，否則你的努力便對你沒有好處。你

必須澄清自己的思想，除去不相干的事件，並深入內心，看清楚你要達到的目標到底是什麼。

在擬定自己的目標時，不要讓慣常的思維奪走你的決心。假如做一張桌子能使你感到滿足，這就是一個值得完成的目標——縱使除你以外的人都覺得沒有什麼價值，那也沒有什麼關係。如果寫一本 500 頁的書使你感到厭倦，這就是一個不值一試的目標了，為什麼？因為它不能使你滿足，儘管別人認為它很重要，你也不必去管。

舉個例子，安東尼‧羅賓的妻子請了一位調音師到家裡來替孩子的鋼琴調音。這位調音師是個能手，他很仔細的鎖緊了每一根琴弦，使它們都繃得恰到好處，發出正確的音符。當完成整個調音工作後，羅賓問他要付多少錢，他笑一笑答道：「還不急，等我下次來的時候再付吧！」羅賓不解的問道：「下次？你這是什麼意思？」調音師說：「明天我還會再來，然後一連四個星期每週來一次，再接下來每三個月來一次，共來四次。」他的話弄得羅賓一頭霧水，不由得問道：「你說什麼？鋼琴不是已經調好音了嗎？難道還有問題？」調音師清了清喉嚨說道：「我是調好音了，可是那只是暫時的，如果想要琴弦能保持在正確的音符上，就必須繼續『調正』，所以我得再來幾次，直到這些琴弦能始終維持在適當的繃緊程度。」

聽完他的話，羅賓不禁心裡感嘆道：「原來調音還有這麼大的學問！」羅賓著實是上了重要的一課。

　　同樣的道理，如果我們希望目標能維持長久直至實現，那就得像鋼琴的調音工作一樣。一旦我們有了什麼樣的進展就得立即強化，而且，這種強化的工作不能只做一次，要持續做到目標完成為止。

　　即使你有確定的目標並真心想要達到，這還有一個值得注意的問題：你的目標切實可行嗎？許多人都有一種對自己要求過高的習慣，總是想做到最好，但有時這顯然是不可能的。例如，你有一個強烈的願望，很想成為國際明星，但你具備的條件與要實現這一目標的差距很大。所以說，認知到這種現實是非常重要的，它會使你在失敗的時候不會責怪自己。一些對自己要求過高的人，總是拿別人最好的優點與自己一般的特點相比。他們會拿自己與著名的模特兒相比來評價自己的身材相貌；他們會拿自己與所知道的最富有的人相比來判斷自己的財富。很顯然，這種比較是不切實際的，它也不可避免的會貶低自己的自尊心。

將大的目標分解成小目標

　　通常說「一口吃不成胖子」，這個道理不知被重複多少遍。我們希望你也能深知其道，把自己人生的目標分階段的實施，切忌有一步到位的想法。如果你沒有這樣一個分階段的習慣，這很有可能會在某一時段摧毀你的身心。成事者的眼裡應

▶▶ 第三章　瞄準目標才能一箭中的

該是有大目標，也有小目標，用小目標群組合大目標！

人們往往並沒有意識到，大事是由小事累積而成，大目標的達成是由小目標的達成所累積出來的；每一個成大事的人，都是在達成無數的小目標之後，才實現他們偉大夢想的。

美國一位哈佛大學行為學家提出了「小目標成功學」。他認為，有些人誤以為自己能一步登天，所以常夢想一舉成名，一下子就成為一個成大事者。實際上，這是不可能的！一是由於個人能力並不夠，二是由於成大事必須要經過長久磨練。可見，真正的成大事者尤其善於「化整為零」，從大處著眼，從小處著手。

看一個例子，25 歲的吉姆因失業而挨餓。他白天在馬路上亂走，目的只有一個：躲避房東討債。

一天，他在 42 號街碰到著名歌唱家夏利賓先生。吉姆在失業前，曾經採訪過他。但是他沒想到的是，夏利賓竟然一眼就認出了他。

「很忙嗎？」他問吉姆。

吉姆含糊的回答，他想夏利賓應該看出了他的際遇。

「我住的旅館在 103 號街，跟我一同走過去好不好？」

「走過去？但是，夏利賓先生，60 個路口，可不近呢。」

「胡說」，他笑著說，「只有 5 個街口。」

「……」吉姆不解。

「是的，我說的是 6 號街的一家射擊遊藝場。」

這話有些答非所問，但吉姆還是順從的跟他走了。

「現在，」到達射擊場時，夏利賓先生說，「只有 11 個街口了。」沒多久，他們到了卡納奇劇院。

「現在，只有 5 個街口就到動物園了。」

又走了 12 個街口，他們在夏利賓先生的旅館停了下來。奇怪得很，吉姆並不覺得怎麼疲憊。

夏利賓為他解釋了其中的緣由：「今天的走路，你可以常常記在心裡，這是生活藝術的一個教訓。無論你與你的目標有多遙遠的距離，都不要擔心，把你的精神集中在 5 個街口的距離，別讓那遙遠的未來令你煩悶。」

在東京一次國際馬拉松邀請賽上，名不見經傳的日本選手山田本一出人意料的奪得了世界冠軍。當記者問他憑藉什麼獲勝時，他只說了「憑智慧戰勝對手」這麼一句話，當時許多人認為山田本一在故弄玄虛。

兩年後，在義大利國際馬拉松邀請賽上，山田本一再次奪冠。記者又請他談經驗，性情木訥的山田本一還是那句話：用智慧戰勝對手。許多人對此仍迷惑不解。

十年後，山田本一在自傳中解開了這個謎。他是這麼說的：「每次比賽前，我都要搭車把比賽的路線仔細看一遍，並畫下沿途比較醒目的地標，比如第一個地標是銀行，第二個地標是紅房子……這樣一直畫到賽程終點。比賽開始後，我以百米的速度奮力向第一個目標衝去，等到達第一個目標後，我又以同樣

的速度向第二個目標衝去。40 多公里的賽程，就這樣被我分成這麼幾個小目標輕鬆完成了。最初，我並不懂這樣的道理，我把目標定在 40 公里外的終點線上，結果我跑到十幾公里就疲憊不堪了，我被前面那段遙遠的路程給嚇倒了。」

　　許多人做事之所以會半途而廢，並不是因為困難大，而是因為成功距離較遠，正是這種心理因素導致了最終的失敗。如果把長距離分解成若干個距離段，逐一跨越它，就會輕鬆許多，而目標具體化正是可以讓你清楚當前該做什麼、怎樣能做得更好。

　　目標必須具體，比如你想把英文學好，那麼你就訂一個目標，每天一定要背 10 個單字、一篇文章，要求自己在一年之內能看懂英文書報。由於你定的目標很具體，並能按部就班去做，這就容易達到。有人曾做過一個實驗，他把人分成兩組，讓他們去跳高。兩組人個子都差不多，先是一起跳過了 2 公尺。然後，他對一組人說：「你們能跳過 2.1 公尺。」而對另一組只說：「你們能跳得更高。」結果是第一組由於有 2.1 公尺這樣一個具體要求，每個人都跳得很高，而第二組沒有具體的目標，所以他們只跳過比 2 公尺多一點，不是所有的人都跳過了 2.1公尺。其中的原因就在於第一組有一個具體目標。

　　山田是一位擁有出色業績的推銷員，可他一直都希望能躋身於最高業績的行列中。這一開始只不過是他的一個願望，從

沒真正去爭取過。直到三年後的一天，他想起了一句話：「如果讓願望更加明確，就會有實現的一天。」

於是，他當晚就開始設定自己希望的總業績，然後再逐漸增加，這裡提高 5％，那裡提高 10％，結果顧客就增加了 20％，甚至更高。這更加激發了山田的熱情，不論什麼狀況，在任何交易中，他都會設立一個明確的數字作為目標，並鞭策自己在一、兩個月內完成。

「我覺得，目標越是明確，越感到自己對達到目標有股強烈的自信與決心。」山田這樣說。他的計畫裡包括「我想得到的地位、我想得到的收入、我想具有的能力」，然後，他把所有的訪問都準備得充分、完善。相關的業界知識加之多方面的努力累積作為依託，山田在第一年的年終，創造了空前的業績，以後每年的效果更佳。

山田曾做了一個總結：「以前，我不是不曾考慮過要擴展業績，提升自己的工作成就。但是因為我從來只是想想而已，不管是否付諸行動，當然所有的願望都落空了。自從我明確設立了目標，以及為了切實實現目標而設定具體的數字和期限後，我才真正感覺到，強大的推動力正在鞭策我去完成它。」

在平常生活、工作中，我們都會有自己的不同目標。要想成為達到目標的成事者，關鍵在於發現各種變化的因素，力求把目標細化、具體化。

▶▶ 第三章　瞄準目標才能一箭中的

第四章　選擇自己的路

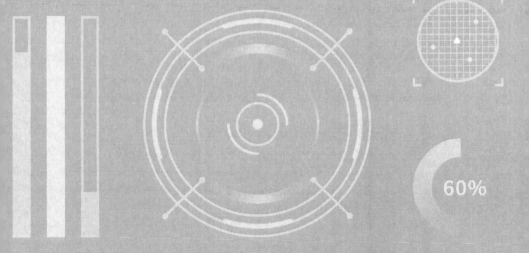

60%

　　一隻剛成年的鹿在遷徙的路上落後了，獨自走向南方的草原。牠走到一個「人」字路口時，發現腳下的路一條往東南、一條往西南。牠不知到底走哪條路好。

　　鹿猶豫了很久，終於踏上了往東南方向的路。然而，在牠走了三天之後，一隻鴨子告訴牠，牠走的這條路通向一個大沙漠。於是，鹿慌忙折返回來，踏上了西南方向的路。

　　鹿在西南方向的路上又走了三天，遇到了一隻雞。雞告訴牠，這條路上有一條很深的河，牠應該走東南方向的路。鹿又慌忙折返回來，踏上了東南方向的路。

　　鹿在東南方向的路走了幾天，又被鴨子勸返；然後，在西南方向的路又被雞勸返……如此幾回，冬季的第一場雪終於降臨。又冷又餓的鹿倒在地上，大雪覆蓋了牠的屍體。

　　其實，無論鹿走哪一條路，都可以順利到達南方 —— 因為這兩條路在牠走五天之後會重新合併在一起，通向南方。鴨子所稱的「大沙漠」，不過是一塊方圓不足一里的沙丘；而雞所謂的「深水河」，也不過是丈把寬、尺來深的一條溝。

自己的選擇自己做

　　面對大大小小的選擇，你最先考慮的是什麼？是自己的未來？還是朋友的看法？

　　事實上，不管做何種選擇，可以肯定的是，如果你太在意

別人的看法，那麼，不論你選擇哪一個方向，到最後總還是會有人覺得你做錯了決定。既然如此，何不就根據自己的需求和價值觀，做個讓自己一生都無悔的決定呢？

如果世上真有對的決定，那都是相對的。也就是說，這個決定的「對」，是相對於自己的主觀和人生的需求。不過，很多人都無法做出這樣的決定，一方面是因為外界（親友）的雜音太多；另一方面是因為他們仍不知道這一生自己到底要什麼。

因此，有很多人做了表面上是對的決定，結果為了這個決定而悔恨一輩子；甚至有人從此一輩子逃避做決定。

事實上，所有的決定，不管是關於感情、人生方向、事業、財富、人際關係等，從面對問題到做出決定，大都要經歷以下三個階段。

· **思考期**：也就是發現問題的階段。
· **選擇期**：是對兩個以上的答案或方向做選擇。
· **判斷期**：這是對我們的決定做一個價值上的判斷，也可以說是做邏輯上（真偽）的判斷。

第三個階段可以說是一個再次回頭檢驗自己決定的時候；每個人在做重大決定時，一定都會經歷這個階段，甚至有人一直卡在這個階段，而無法果斷的下決定。

只有忠實且真誠的通過這三個階段，你才可以欣然接受自己的決定；否則，如果當初處處違背自己的意願，不論你做出

什麼選擇，到頭來必然悔恨終身。

　　還記得《伊索寓言》中那對抬著驢子走路仍沒有獲得大家認同的父子嗎？他們可笑的故事告誡人們：自己的路要自己走，自己的選擇要自己做。

瞄準靶心再扣扳機

　　我們做決定的動機和目標是什麼？

　　人通常都是在還沒搞清楚狀況時就妄下決定，這是大多數人的通病，在面對做決定的時刻，我們通常都會亂了分寸。這時，請記得先問自己一句話：「我做這個決定，到底要的是什麼？目的又是什麼？」

　　你也可以把這句話當作一句口訣，無論遇到任何問題、需要做任何決定，一定要先回答這個問題；否則，你就像要打靶而還沒瞄準靶心一樣，即使子彈再多，也都是彈彈虛發。

　　許多人在工作了一段時間後，便產生了想轉換工作的念頭，這其中可能有長期工作所造成職業倦怠的原因。這時候不妨安排一次長一點的假期，外出旅行散散心，倦怠感或許會因此消失，讓人們再度精神抖擻的回到工作上。但是，某些人也有可能在心裡產生了更強烈的換工作念頭，這時就必須認真考慮一些問題，做到謀定而後動。為什麼想換工作？是因為升遷

或薪資無法讓人滿意？還是表現遇到了瓶頸，渴望尋求突破？弄清楚自己的目標和動機，才能做出明智的決定。如果只是由於一時衝動，貿然辭去工作，卻又不知道自己接下來要做什麼，那只是平白浪費時間而已。

曾經聽過一則笑話：有一個人犯了天條，要接受上帝的懲罰。上帝問這個人是要死還是要活？結果這個人想了半天，竟回答：「兩個都要！」

這當然是個諷刺某些人過於貪心的笑話，不過，這也反映了很多人在做決定時的心態：最好魚與熊掌兼得！

這就像很多媽媽常問小孩，下午點心要吃巧克力餅乾還是鮮奶油蛋糕時，小孩的回答通常是「兩個都要」一樣。

一旦我們做決定時，會發現想要的東西太多，這個決定通常是做不出來的。就像人們出門買東西，沒有事先想好要買什麼，結果一路上東逛西逛，最後回到家時，才發現重要的東西居然都沒買。又或者你今天想買的東西不少，卻沒有足夠的預算，這時你就得考慮一下自己最迫切需要的是什麼，先買最重要的，剩下的只好等下次有錢的時候再買。

所以說，你一定要選出一個最重要的目標，剩下的東西或許也很重要，但是為了能彈無虛發，你也不得不暫時放棄其他的。

做決定前，請先鎖定你的「靶心」吧！

你是自己最佳的人生羅盤

德國著名哲學家叔本華認為：人生中的許多災難和意外，都是我們的意志所種下的種子經過一段時間醞釀而形成的。

按照他的說法，我們在某一個情境下表現出的行為，可以說是經過我們意志選擇的，也可以說是經過我們意志決定的。

需要注意的是，我們的意志決定在什麼時候做什麼行為的標準並不是理性及客觀的。真正的命運不是玄祕難測、探尋不得的東西，其實它就是一種人生行為的因果現象。

決定命運的種子就是每個人的「決定」。

我們從小到大都在做各種決定，都在種下我們命運的種子。然後，就守著時間等這些種子的發芽、成長、結果。

一些人在做事失敗之後，總是埋怨自己的運氣不好。如果人生真的有運氣，其實它也是操縱在自己的「決定」中。你可以選擇做這件事或者做那件事，以及這樣做還是那樣做。有些人全然把過錯推給命運，他們根本就是否定自己的存在。

在人的一生中，即使是一些微不足道的小決定，也會導致嚴重的後果。一些小決定累積起來，就會影響大決定的成敗。

20世紀最偉大的心理學家佛洛伊德曾說過：每個人的行為背後，都有其動機及原因。這些影響人類行為的原因，或許有很多是我們難以控制的，比如心靈受創傷、教育影響、環境刺

激等。但是接受各種刺激後的行為反應，卻是可以由個人意志決定的。

　　兩個年紀相仿的小學生，同時受到老師的責罵，這兩個學生所受到的刺激是差不多的。不過，他們的心理及行為反應卻不見得一樣。他們可以選擇發奮圖強，也可以選擇自暴自棄。或許，這跟每個孩子的成長背景不同有關。但從這件事來看，我們還是有選擇權的，可以決定自己要表現什麼樣的行為。只是不少人都忽略了這些行為的重要性，放棄了自己的選擇權，他們一般都覺得這是微不足道的小事，不需要花心思去自尋煩惱，事情過了就算了。

　　人生的決定無所不在，每個決定也或多或少的影響我們的命運。生活中每個決定都是命運的種子，雖然我們無法認真嚴謹的處理生活上的每一個瑣碎細節，但是我們對「決定」還是應該要保持謹慎的態度。有一點需要牢記，正視決定的重要性是做出好決定的第一要件。

　　不做決定並不代表就不會犯錯。在人們的心中，無時無刻都會產生一些想法，有些可能已經埋藏心中很久了，有些則是剛剛冒出來的想法。當心中有了一些想法，如果人們選擇逃避不去理會，多少會覺得有所缺憾。而且，想法不經行動來驗證，根本就無法判定它的價值。也許，當你做了決定，但卻發現它其實並不如想像中美好；也有可能正是因為你的行動，你的潛能才得以盡情發揮。

　　你要成為自己最好的人生羅盤，要能勇於面對各種人生的十字路口，並以超人的眼光做出選擇。否則，如果你一再逃避，所剩的可能就只是一輩子的悔恨和不甘。

別靠情緒決定自己的人生

　　做決定的苦一般有兩種：一是下決定前的苦思、猶豫之苦；一是決定後的悔恨、無奈之苦。而人們似乎比較喜歡第二種苦。

　　「做了再說！」、「唉！船到橋頭自然直！」這些通常是人們做決定時常說的話。正是因為這種心態，西方人經常嘲笑我們沒有邏輯觀念，笑我們的一些行為沒有科學根據，有時候我們也不得不承認他們說得的確沒錯。

　　雖然做出任何的決定，都要取決於自己的價值觀和人生需求，但這並不意味著我們可以按照自己的情緒隨隨便便的下決定。只有認真的做好每一個決定，我們才能真正活得無怨無悔。

　　情緒就像風一樣的自由任性、捉摸不定，時間、地點、人物等各式各樣的因素都會擾亂情緒的穩定。在不同的狀態下所做的決定可能受到情緒的影響，往往是非理性的。這就要求我們必須利用邏輯的方法才能冷靜的做好決定。

　　所謂的邏輯是我們做判斷時所運用的一種工具，也就是做決定時的工具。不過，這些工具及方法運用起來需要花費很大的腦力。這種耗費精神的事情對我們而言，往往是種很大的折磨。

　　其實，大多數人並不是沒有腦筋，而是懶得動腦。編者自己以前也是個懶得用腦的人，做任何事前疏於計劃，做決定時更是乾脆俐落、不假思索的在一、兩秒之內就完成。

　　或許大部分的人跟以前的我一樣，遇到生活中常出現的問題，只要是「是非題」，一律先答了再說，不怕錯，只怕沒做；如果是選擇題，一律是「隨便」。結果是生活弄得越來越亂，人生過得越來越糟。

　　後來，我領悟出一個道理：絕對不要靠情緒做任何決定。做決定前多一分鐘的冷靜思考，可以省掉事後幾十個小時甚至是幾十天的彌補工作。

　　一個用情緒來決定事情的人，往往看不清事情的真相。他們做事一般不透過人腦，完全以直覺反應。而情緒又因時、因地、因物而不同，那麼處理事情便沒有一個準則。如果能隨時要求自己花點心思想一想再決定，那麼對於事情的結果，我們也就比較能掌握，不會事到臨頭才乾著急。

　　於是，我開始學習運用一些簡單的邏輯來做判斷，強迫自己在決定前先給自己至少一分鐘的選擇時間。有些時候，情況緊迫，必須立刻下決定，我也會給自己 5～10 秒鐘的緩衝時間進行一個大方向的判斷。採用這種方法後，我的人生因此有了新面貌，生活也比以前更有秩序。

　　如果你想讓自己的人生豐富多彩，學會理性邏輯的思考判斷，會有一個很大的幫助。做出好的決定是需要付出代價的，

這些代價就是時間、腦力及方法，在這三方面投入的量越多，這個決定帶來的效果當然越好。這絕對比事後付出極大代價要合適得多。

因此，越是重要的決定，則越是需要注重做決定前的邏輯判斷才行。

朋友們！不要再讓別人嘲笑我們沒有邏輯、生活一團糟，重視生活中你做出的每一個決定吧！尤其是別讓情緒來決定，多給自己一點時間深思熟慮，「船到橋頭自然直」可以是一種人生態度，但絕不是做決定的好方法。

每個人心中都有一把尺

在做每一個決定前，判斷者必然會有自己的價值觀，而這個價值觀是獨一無二的，因每個人需求不同而定。我們在下各種判斷時，總會先給自己一個「尺度」，以方便我們做比較和判定。

例如，一對情侶相約去餐廳吃飯，女的向服務生點了一份生菜沙拉，男的則點了一份牛排。

男的建議女的多吃肉才有精神及力氣，女的則反對這種說法，因為她點生菜沙拉有她自己的需求和考慮。她考慮到自己不能吃熱量太高的食物，否則身材容易肥胖；再者，生菜沙拉含有豐富的纖維質和水分，對皮膚很有幫助。這些考慮就是她判斷食物好壞的尺度。而那位男士則考慮到需要高熱量食物的

生理需求，所以在他的尺度裡，生菜沙拉是一個不好的決定，他否定了生菜沙拉的價值。

可見，我們在判斷一個決定時，先要有一個合乎我們價值觀的尺度存在。一旦這個尺度建立，我們就可以很明確的去判斷自己選擇的答案是好或不好、對或不對；而價值判斷的實際過程，就是將你心中的想法一一拿出來對比被選擇的答案。例如，你會考慮自己膽固醇太高，中式餐點太油膩可能對健康不好；天氣太熱，中式餐點大多又辣又燙，會不會吃得滿身大汗？附近有哪幾家中式餐廳？距離會不會太遠？……你會按照自身需求逐一去比較、判斷。

當然，考慮因素的多寡卻因人而異。有些人比較注重等級及氣氛，所以拚了老命也要去高級一點的餐廳，至於距離、健康、時間成本、交通等因素就不會那麼注意；有些人比較精打細算，一旦評估了所有的因素，可能就推翻了出去吃的決定，改成乾脆在家「吃泡麵」算了。

每個人的判斷依據（尺度）不一樣，很難說誰的決定必然是對的、十全十美的。個人品味及需求不同，人與人之間很難有一個共同的尺度。

有些人常在一些決定中拿不定主意，就是因為他們心中有好幾把「尺」：「想吃蛋糕又怕身體太胖，不吃蛋糕又不甘心」；「星期六下午想去看電影，又想和朋友去爬山，還想和男朋友去跳舞……」類似這些矛盾，相信在我們的生活中常常遇到。

　　不管每個人的「尺」有幾把、每個人的價值標準差異有多大，在做判斷思考時，方法和理論其實都大同小異，只是有些人反覆在更換自己的「尺度」。但無論我們有多少選擇，最後只能有一個決定。

　　因此，了解自己在做判斷時的「尺度」，統一自己的「尺度」，這有助於我們更明快的下決定，不會在猶豫中浪費時間和傷透腦筋。

讓選擇符合自身效益

　　前面我們說過，人人心中都有一把「尺」，當我們在比較事物、權衡利害得失時，它就是判定一切的標準。

　　雖然我們心中的這把「尺」是根據自身的需求打造出來的，但它卻有很多不合邏輯之處，甚至和現實背道而馳。所謂的現實邏輯就是現實世界中的各項事實及定律，比如說，酗酒和抽菸對身體不好；違法犯紀必須受法律的制裁；下雨時地上會濕；水往低處流；肚子餓了要吃飯……這些都是合乎邏輯的事實。

　　如果一個人只為了滿足自我需求而做出一些不合現實邏輯的決定，像是殺人盜竊、飲酒過度、亂穿越馬路、搶銀行等，這些行為必然無法為自己帶來好處，反而會帶來災禍。

　　有時候，我們在做決定時，除了自己是阻礙自我效益原則的因素外，外在的客觀因素也是一大阻礙。最常見的現象就是

一個人下決定時所依據的竟然是「別人的」尺度。這種做法等於放棄自己選擇人生的權利，在這種情況下所做出來的決定，不見得是符合自身效益的。

最常見的一個例子就是「和自己不喜歡的人結婚」。當事人在做決定時，可能以別人、父母親友、社會或道德的尺度來作為判斷依據，這種情況下所做的決定很難說是個好決定。因為只有你自己知道自己到底需要什麼，只有你自己知道自己的效益點在哪裡。完全以別人的考慮來決定，這根本就是個錯誤的決定方法。

還有一個常見的情形便是大學入學考後的選填志願。本來，要念什麼科系應該是由自己根據自己的興趣和專長來選擇，然而大部分的人卻會受到社會價值觀、父母的期望等等因素影響而做出錯誤的選擇。常常聽到因為興趣不合造成念書很辛苦的例子，適應力強的會繼續念下去，也有人幸運的念出興趣，但仍有不少人連文憑都混不到。

如果當初能夠以自己的興趣為依據進行選擇，或許可以少走些冤枉路。與其花時間去適應那些沒興趣或不擅長的事物，還不如把精力放在自己喜歡的事情上，這樣的收穫必定會更多，心情也會更自在開朗。不過，令人遺憾的是，很多事可能要在自己做了選擇之後才會發現！

或許有人會覺得，發生這種情況也是不得已的，做決定的人有太多的苦衷和無奈，或許這種決定才是完美的決定，能讓

大家喜歡。這種想法可說是大錯特錯，就像「世上沒有不死的人」一樣，世上也沒有「完美的決定」。記住這一點，你永遠無法同時滿足眾人的要求，只有符合自身效益的決定，才是正確的決定。

提防環境的干擾

當你看不清前面的路時，你所走的每一步都可能是致命的。

如果「好決定」是一個我們欲到達的目的地，那麼環境的因素就是指引我們前進的地圖。如果這張地圖畫的街道和方向跟實際地理環境相差太多，那麼我們就很難順利到達目的地。

造成環境誤導的因素千奇百怪，不過大致上可分為下列兩大類。

· 資訊不足的誤導。

· 錯誤資訊的誤導。

其實，造成環境誤導的因素非常複雜多變，難以一一列舉。相信每個人可以從日常生活中去觀察或回想，在這裡我們僅把各種因素歸納為上述兩種類型，讀者可以舉一反三，向各個方向推展，必然可得到更多的驗證。

· **資訊不足**

老王是一個工作了十幾年的上班族，生活經驗單純。有一

天，他看中了一棟房子，想想自己租屋租了十幾年，終於有能力自己買棟房子了。但老王對於買房子的程序和相關知識了解不多，因此，對於房屋銷售員所說的一切，包括附近的房價行情以及將來有重大交通建設興建使地價增值等資訊，老王只能姑且聽之。

雖然老王很想買這棟房子，但是房價超出了他的預算。一天，老王和太太商量，如果這棟房子的價錢真如銷售員所說已是附近最低的，且兩年後會有好幾條公路及高速公路經過附近，那房價勢必會漲。現在就算買貴了一點，到時可以轉手賺差價，也是不錯的主意。老王在心裡盤算過後，覺得這的確應該是很合理的交易。

於是，老王隔天就訂下那棟房子。談到銀行貸款時，房產銷售員表示最好由房地產公司出面找銀行，利率會比較低。老王一聽有好處，也沒有另外去求證，就和銷售員簽了約。

事後，老王遇見了一位老同學，盤算了這棟房子的價值，才知道自己買貴了近幾十萬元，連貸款利率也比別家高了一點。老王上網查了城市規畫，又發現幾年後根本沒有公路經過附近，他這才知道被騙了。做決定前的資訊不足使老王平白損失了近幾十萬元。

引用錯誤的資訊

林太太是一個很節儉的家庭主婦。有一天，她去市場買菜時，看到隔壁張太太和賣米的老闆娘耳語，好奇心驅使她

湊到張太太旁邊探聽。張太太勉為其難的告訴她，「聽賣米的老闆娘說，最近要調漲米價及菜價。老闆娘說一調漲，他們這些米商、菜商一定會跟著漲，叫我們趕快多買一點，可以省很多錢。還有，不要跟太多的人說，否則就買不到了。」林太太一聽，暗自慶幸自己真是幸運，得到這個情報，一定要妥善安排，還允諾改天要請張太太吃飯。

林太太和張太太兩人於是買了不少食物及日常用品。在她們的生活經驗裡，只要米價和菜價一調整，所有的日常用品也都會跟著漲，所以現在買得越多，相對的就能省得越多。兩個人連續採購了一個星期，然後在家靜靜等待市場調漲熱潮的出現。

等了一個多月，市場上還是以正常的物價在運轉。張太太不解的去問賣米的老闆娘，老闆娘說這些消息是她老公從一個公務員那邊聽來的，或許要再等一陣子吧！又過了一個多月，市場物價不漲反跌。具體原因大家也搞不清楚，或許是生產過剩吧！總之，林太太和張太太買了一大堆東西堆在家裡，不但沒有省到錢，反而大失血。

「人云亦云」是很可怕的資訊來源。在接收資訊的同時，我們最好能先求證一番，不要盲目跟進，否則將得不償失。

在第一時間掌握選擇時機

時間，在所有決定的要素中，有時是最重要的。

基本上，所有的決定都有時間上的限制，只是時間的長短不同罷了。我們在日常生活中遇到的問題，通常都需要在一定時間內做出決定。其中有一部分的決定，更需要在問題發生的當時馬上做出，一分鐘也不能耽誤。因此，做決定時掌握「第一時間」是很重要的。

所謂的「第一時間」，並不見得是最快、最急的時間，而是「最適合當前的決定，能為當前的決定帶來最大效益的決定時間」。

第一時間所考慮的最大效益主要有兩個層面。

· **決定品質的最大效益**：有時，我們做出決定的時間越短，對我們就越有利。但是，如果我們只是為了講求時效而忽略了這一決定的品質，即使時間再快，它仍然是一個錯誤的決定。因此，做出決定的第一時間，也就是我們準備做出最好決定的最短時間。

· **決定時機的最大效益**：決定的時間效益除了要迅速之外，也必須講求時機。所謂「時機」是根據客觀環境而定的決定時刻。有些決定可能在短時間裡做出，也十之八九可以成功，並且會帶來很大的效益；但有些決定卻必須要在一

定的時間點做出，才能算是成功。這時候，不管你是早點或是晚點做決定，都是不好的。

那麼，第一時間該如何掌握？

不同的決定有不同的第一時間。如何掌握第一時間其實並沒有一定的模式，必須要看這個決定的時間有多少，急不急？如果真的十萬火急，不待思索就下決定也是情有可原的事；如果不是那麼緊迫，你做出決定的最短時間點就是你的第一時間。不過，有很多人因為太過心急，常常為了爭取時效，在考慮尚未周詳時就貿然下決定。這是一個很大的毛病，但大部分的人卻常犯下這個毛病。

《孫子兵法》說：「多算勝，少算不勝，況無算乎？」它告誡人們如果時間許可，奉勸大家盡量多算（分析研判），絕不可「無算」就想成功。另外，如何掌握第一時間的最佳時機，就更要看決定的性質及當時客觀環境的變數。讀者朋友只要記住第一時間的時機原則 ——「能為決定帶來最大效益的時間點」，做到隨機應變、臨場活用就可以了。

比方說，如果今天你開車去赴一個重要約會，不巧在路上車子拋錨了，眼看時間緊迫，這時你就要立刻、果斷的做個決定：把車暫時停放在路邊，趕緊搭計程車去赴約。你越快下決定，所得的效益就越大，因為這個重要約會對你的事業影響重要，所以你要以準時赴約這個目標作為決定的主要考慮因此。

這個時候，最快的時間也就是第一時間了。

至於和決定時間的快慢沒有關係的「最佳時機」，則可能在電影小說裡出現得比較多。不過，在日常生活中也是存在的，像是買賣股票、投資房地產、期貨買賣等。這些理財投資的決定，最大的關鍵和效益點都在於做決定的「時機」，而不是「時間」。

假如你看上了一套音響，外型和功能都很滿意，就是價格太貴了點。這時銷售員一再催你趕快買下來，並煞有介事的說如果等這批賣完，以後再想買就沒有了。這時，你可以先把銷售員的話當作耳邊風，因為買音響沒有時間上的限制（除非你不買會度日如年）。你最好多逛幾家店去比較一下，或者多看看報紙雜誌有沒有相關的資訊。最重要的是，你要注意最近有沒有哪家電器連鎖店有特價打折活動，如果有，店家開始特價折扣活動的那一天，就是你的「決定時機」了。至於這個決定時機是不是獲益最大的「最佳時機」，那就要看你的時間考慮了。如果你可以等個兩三年再買，那麼你的「最佳時機」可能是兩三年後；如果你設定近期內需要這套音響，那麼你的「最佳時機」就是這次的決定了。

由此可知，有些決定又不能等，有些決定是急不得的。第一時間就是你做決定的時間依據，有了這一依據，你才不會白忙一場，弄得賠了夫人又折兵。

不得已時要棄車保帥

　　從「細節決定成功」這一點來說，人生中的每個決定都很重要。但是，如果有一天同時有好幾個問題出現，而且同時要你做決定時，你該怎麼辦？

　　這個時候，請你選定一個最重要的決定，然後集中火力去做。其他的決定或許對你也很重要，可是你一次只能做一個決定。因此，其他決定就只能擺在第二順位，如果時間不允許，那就放棄吧！這就是所謂的「棄車保帥」戰術。

　　例如，你正在做菜，湯煮沸時，樓下正好有人按門鈴，而你的孩子正巧在這個時候打破杯子，手被劃破了，血流不止。

　　這個時候，你必須選擇一個最重要的目標，先去處理這個問題，再處理第二個問題。也就是說，在第一時間裡，你只能決定一件事情。

　　此時你一個人在廚房，同時聽到孩子的哀叫聲和門鈴聲，你應該先把瓦斯爐上的火關掉，接著去看孩子出了什麼狀況，最後再去開門，看看是誰在按門鈴，就算叫門的人等得不耐煩走掉了也沒關係。

　　像這樣的先決定一個最重要的目標，其他的不是排在第二順位就是放棄的做法，就是「棄車保帥」戰術的一個典型例子。

　　讓我們再深入的分析一下這個例子，先處理已沸騰的熱湯是個正確的決定，因為不管孩子有什麼狀況，一旦沸騰的湯水

澆熄爐火，就很可能使瓦斯外洩，造成瓦斯中毒或爆炸等更大的危險。更何況，關掉瓦斯所花費的時間短到基本上不會妨礙對小孩的照料。

通常在這種情況下，第一時間讓你思考的或許只有幾秒鐘，如果你下意識裡沒有這種「棄車保帥」的反射模式，加上又急又慌亂，就很容易把事情搞得一團糟，甚至釀成悲劇。有些火災或瓦斯外洩的慘案，都是人們在面對這類同時而來的問題時，慌了手腳造成的。因此，不管你面對的問題有多重要、多緊急，你一定要先決定最重要的事項，這樣才能將損失減至最低，或將收益升到最高。

別為小事傷腦筋

每個人的精力都是有限的，成功的人在於能夠運用有限的精力創造無限的利益。

在日常生活中，我們總會遇到一些煩心的事，在面對這些雞毛蒜皮的小事時，千萬不要做一些對思考無益的行為，這會白白浪費你的精力。

有些人一遇到問題，不是針對問題本身去分析、判斷，反而繞著圈子，或者直嚷著「悔不當初」，或者急於「翻舊帳」、放「馬後炮」，說什麼早知道會這樣之類的於事無補的風涼話。最糟糕的是，某些人不正面去解決問題，就只知道忙

著推卸責任，把過錯歸咎給別人。

　　其實，這個時候，最重要的是我們要根據問題本身去做出合理的判斷和選擇，決定下一步驟該怎麼做，才能解決事情或是把損失減到最小。一味的翻舊帳、推責任，不但不能解決問題，反而會浪費大量的腦力和精神，就算最後你想靜下心來做決定時，大概你也已經精疲力竭。

　　為什麼會有這種不針對問題、拚命浪費精力的現象發生呢？根據國外心理學家的研究顯示，對自我能力比較沒有信心的人，在遇到事情和問題時，有的人會推掉問題的核心、先用模稜兩可的事情和說法來模糊問題本身。換言之，這些人事實上是對自我缺乏信心，自覺沒有能力去做決定、解決問題。但是，情勢又不允許他們逃避，在這種情況下，他們一遇到問題，就用各種迂迴的手段來模糊問題焦點，希望能將大事化小、小事化了，心想反正過一陣子，大家就會忘記了。這種故意浪費精力在不相干的事物上，做一些沒有建設性的思考的行為，事實上是一種有意圖的逃避。

　　我們的精力有限，就算傾注全部的精力來做出決定，在品質及各方面的考慮上尚有不完善之處，更何況浪費這麼多無謂的精力，這當然做不出什麼具體有建設性的決定了。

　　如果你想有效的做出一些好決定，在面對一個複雜的問題時，就一定要事先規劃一下自己的思路。如果需要去考慮、分析的事項有十件，你就要把幾個對決定影響不大或是沒有建設

性的事項刪除，不要多費精力去思考那些無關緊要的問題，把剩下的精力用在幾個關鍵重點上，這樣成功做出好決定的機率才會增加。

比方說，有一天你開車上街，不小心撞到別人的車，對方下車要找你理論。這時候，你不要再去怪自己太不小心；或是怪上個星期小張向你借車，弄壞了煞車沒修好；也不要怪交通太亂……你應該集中精神決定下一步該怎麼做，不管誰對誰錯，不管對方是凶神惡煞還是想恐嚇勒索，你應該盡快做出決定，通知交通警察來處理，接著通知保險公司前來幫你處理理賠事項，這些事情都比任何埋怨與責怪來得重要。否則，你越是不敢面對問題、東拉西扯，就越解決不了事情，搞不好還會惹出是非。

事實上，每個人的聰明才智都差不多，那些成功的人都是充分運用精力去有效思考的人。

或許你以前不會很在意精力運用這回事，認為精力規劃不重要，那是因為你還沒有遇到一些繁雜瑣碎的問題，或面臨要一個人做出決定的機會。一旦等你遇到這種大場面，你沒有習慣規劃精力資源，就可能會做不出決定。就算你草率做出決定，它也不會是個好決定。

不要認為我們的精力是無窮盡的，電腦需要電力，我們的大腦也需要能量。盡全力掌握有限能量才是做出好決定的關鍵。

不做選擇也是一種選擇

　　如果你遇到一些問題真的很棘手，無法給自己一個時限去做決定，在這個時候，你就可以把眼前暫時解決不了、又不能丟掉的棘手問題先擱在一旁，等有空再回來好好「研究」。

　　事實上，這也是政府官員和一些企業高階主管在面對重大政策或重大問題無法解決時，最常用的一種處理模式。對於某些問題來說，這種「再研究決定法」是有其存在必要的，而且是相當有用的，它並非是一種敷衍推脫的藉口。

　　「再研究決定戰術」在決定的目標上是以「決定的品質」為主要考慮的，而以時間或是其他因素為第二目標。這也就是說，寧可多花一些時間，或者不計物資成本，也一定要把這個決定做到盡善盡美為止。通常這類決定，都是關乎眾人利益，或是對社會、組織有非常深遠影響的重要決定。因此，即使時間不多，你也不能忽略「決定的品質」。

　　如果你在生活中遇到這類「決定品質」重於「時間成本」和「其他決定成本」的決定時，你就可以運用這招「再研究決定戰術」來處理。

　　例如，你想換個房子，這對整個家庭，不管是家裡的老老少少來說，都是一件大事。你要考慮到你和太太上班的便利性、孩子上學的問題，還有老人需要戶外活動的空間，像是公園、社區活動中心等。對於這樣一件影響重大的事，你不僅是

急不得，而且在沒有達到一定品質時，一定不能妄下決定。因此，這個決定寧可從長計議、謹慎研究，花再長的時間也無所謂。否則，沒有考慮清楚就貿然搬家，到時後悔也來不及了。如果你搬家是因為工作的關係，而且有時間上的限制，那麼你就不適用採取「再研究決定法」了。

「再研究決定戰術」是專門處理一些疑難雜症的招數，就算這個方法到最後實際解決問題的比率不高，這也是很正常的現象。這是因為，需要再研究的棘手問題總是要經過一段長時間研究後，你才會發現這個問題根本「無解」。此時，你就要把這個問題列為「放棄決定法」的範圍，決定放棄它。

這是處理所有問題的基本程序。表面上看來，「再研究決定法」沒有什麼效率，可事實上，它幫你把那些根本就不可能短時間內解決的惱人問題，全部「打包」處理，讓你有時間和精力去處理那些有時效性或是較容易解決的問題。否則，你一天到晚忙於這些瑣事之間，該研究的事情不研究，該放棄的垃圾不放棄，這勢必會影響到你目前的生活品質。

該放就放，避免骨牌效應

如果你遇到一些問題，真的是怎麼苦思也無法做出決定時，那就不妨放棄這些問題吧！比如你想獨自出國去玩，你就必須決定行程、時間和經費，可之前你根本沒出過國，對一切

事宜一無所知。在這個時候，你可以選擇放棄獨自行動，請有
經驗的朋友陪同或是乾脆加入旅行團，不要在這個問題上面白
費心思。

再比方說，或許生活中有人會催你趕快做一個決定，像是
魚比較好吃，還是牛肉比較好吃？或是爸爸比較好，還是媽媽
比較好？這種問題本身就有「問題」，你會如何回答呢？那就
瀟灑的放棄吧！因為，兩個不同的東西如何做比較？比較之後
又有什麼意義呢？

有時候，對有些決定你知道如何去計劃，可是這個決定的
目標太大，或者成本太大，很不合效益，你就根本不需要浪費
時間和精力去做這種「不可能成功」的無聊決定。

再比方說，有人提議要你加入一部電影的製作工作，對方
預計電影製作費要募款高達幾億元以上，並打算行銷全球，甚
至可能入圍奧斯卡金像獎，名利雙收。

在理論來講，是有可能達到這種境界的，但實際上卻有太
多的變數。光是製作費的募款就很難達成，幾億元並不是一筆
小數目；再說就算有了這筆錢，也不見得能拍出叫好又叫座的
好片；即使是拍出了好片也不見得可以行銷全球，更不用說進
軍奧斯卡。

由於這個計畫的成本過高且變數太大，遠遠超出我們可以
掌握的範圍，因此與其花時間和精力去決定，還不如放棄它，
這才比較實際一些。

「放棄決定戰術」是個非常簡單的方法，但是人們在使用它時一定要有良好的判斷能力和果斷的意志，否則將分不清什麼該放棄，即使知道要放棄又捨不得，這些都是失敗的前兆。

事實上，人生最難的就是「割捨」；而相對的，人生最高境界在於「易捨處，捨得；難捨處，亦得捨得」的精神。在此奉勸讀者們，當捨則捨，不要留一大堆垃圾在身邊，浪費我們有限的腦力和生命。

▶▶ 第四章　選擇自己的路

第五章　選對工作不瞎忙

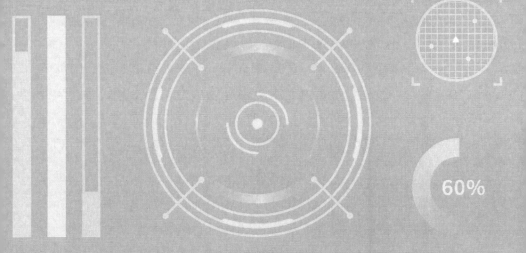

60%

　　李斯生於戰國末年，年輕時當過小官，對自己的職業很不滿，一心想建功立業。他經常看見在廁所中覓食的老鼠，一遇見人或狗就慌忙逃竄，樣子顯得十分狼狽。而糧倉中肥鼠，自由自在的偷吃糧食，卻沒有人去打擾。

　　李斯由此得到啟發，他發現人只有選準適合自己的工作和環境，才能找到用武之地，發揮自己的特長。於是，他到齊國去拜荀子為師，專門學習治理國家的本領。

　　學成之後，李斯投靠了秦始皇，用十年的時間輔佐秦始皇消滅了六國，完成了統一天下的大業。他因此受到秦始皇器重，官位上升到了丞相。

職業的選擇與發展規畫

　　當你能夠用一個簡單的句子表達出你的人生目標時，你就應該著手準備實現這項目標了。

　　在這方面，職業的選擇就是你所要著重考慮的問題。你應該知道，職業是一個工具，是幫助實現你終極目標的工具。你規劃自己職業就像將軍籌劃一場戰役一樣，也像一個足球教練確定一場重要比賽的戰術策略一樣，是非常重要的。

　　你不妨問問自己：「我的職業正在幫助我實現人生的最終目標嗎？」如果答案是否定的，那就乾脆重新更換職業。倘若更換職業是不現實的，那你再進一步問一下自己：「是否有一種途

徑可以讓我現有的職業與我的人生基本目標達成一致？」對於
第二個問題，答案常常是肯定的。例如一個事業有成但又並不
滿足物質上富有的律師，他可能會利用他的部分精力做些公益
事情並從中得到精神滿足。

最理想的職業規畫，應該是在你從學校畢業時就開始進行
的。在這個時候，只要你心中明確自己的人生大目標，你就會
知道你要選擇或接受什麼樣的一份職業。毫無疑問，你會選擇
那份將有助於你實現人生目標的職業。

不過，你也該切記：只要你還沒有到安享晚年的地步，任
何時候開始你的職業規畫都不晚。無論你是 20 歲左右、剛剛踏
上職業征程的年輕人，還是 40 歲左右並且陷在一份你不喜歡的
工作中的中年人，現在仍然是你進行規劃的好時機。

你需要有一個詳細的個人職業發展計畫。這個計畫可以是
一個 5 年的計畫，也可以是一個 10 年或 20 年的計畫。不管是
屬於何種時間範圍的計畫，它至少應該能夠回答如下問題。

- 要在未來 5 年、10 年或 20 年內實現一些什麼樣的職業或個
  人的具體目標？
- 要在未來 5 年、10 年或 20 年內賺到多少錢或達到何種程度
  的賺錢的能力？
- 要在未來 5 年、10 年或 20 年內有一種什麼樣的生活方式？

　　對於這些問題的回答，將提供給你一份有關自己的短期目標的清單。在形成這些目標的過程中，不要純粹的依靠邏輯思維。回答這一類問題，你需要發揮創造力，應該把你的情緒、價值和信仰等因素全部帶動起來。

　　在形成了這一具體的、短期的目標後，你應該策劃一下將如何去完成它們。

　　比如，你現在是一個中層的管理人員，你的 5 年、10 年或 20 年個人職業發展規畫要求你成為一個高階主管。怎麼做才有可能實現你的目標呢？如果你能夠回答如下的各項問題，那麼相信你就應該知道自己該怎樣做了。

· 需要哪些特別的訓練才能使自己夠資格做一名高階主管？
· 該增加哪些書本知識？
· 為使自己仕途坦蕩，需要排除哪些內部障礙？
· 目前的上司在這方面是自己的一個幫助還是一個障礙？
· 在目前的這個公司自己最終成為高階主管的可能性有多大？在這裡的機會是否比在其他公司更大？
· 得到這份職位的人一般教育程度、經驗水準和年齡層次是怎樣的？

　　建議你最好將上面的問題寫在紙上，並進行深入的思考。

明智的擇業觀

對於每個正在擇業的人來說，由於個人目光短淺而帶來的損失好像不是那麼明顯，但其慘敗的結果卻是一樣令人扼腕痛心。

對於每一個期望在未來擇業中獲得一份好職業的人而言，未雨綢繆的遠見和身體力行的踏實行動，對一個人的擇業期待值有很大的影響和制約。理想往往是美好的，現實卻總是很殘酷的。作為一個具有現代擇業理念的求職者，要能不斷的調節好自己的心態和行動，努力去適應社會高速發展的大趨勢，用居高臨下的態勢去審視自己在未來職業生涯中的定位，這一點至關重要。為了獲得滿意的職業，你應該判斷自己的偏好是什麼，然後尋找能夠適合這些偏好的職業。一些職業提供溫暖和穩定，另一些則具有冒險性和挑戰性；一些工作是井井有條的，另一些則不然；也許某種職業需要大量的交際，而另一種則要求潛心專注。你能確認自己最適合哪種職業嗎？你是否停下來認真的思考過這些問題？能夠找到適合自己的工作的確需要你有策略性的遠見。

在知識經濟時代，生產所消耗的主要是知識和勞動者的智力。知識的創新和衰退速度在逐漸加快，要想跟上時代，你就必須及時更新知識，完善知識結構，培養新的技能。在這種情況下，你的擇業觀也就隨之進行更新了。知識經濟時代的擇業觀應該是以下這樣的。

▶▶ 第五章　選對工作不瞎忙

　　第一，健康的身體、充沛的精力、一技之長、勤於勞動只是擇業的前提，累積知識才是根本。在知識經濟條件下，生產經營活動是以知識的生產創造為核心的，勞動者的勞動不是簡單的機械操作和體力勞動，更不是出賣人身，而是出賣你的腦力。擇業的目的是依靠智力累積知識，獲取相應的收入。

　　第二，忠於雇主是暫時的，忠於自己才是永恆的。在知識經濟條件下，資本和勞動再次結合，勞動者之間是智力的協調合作，自己才是自己的主人。即使偶爾受制於他人，這也只是暫時的現象，要學會主宰自己。

　　第三，完善知識結構、及時更新知識、培養新的技能。不學習就不適應社會的需求，甚至一畢業就將面臨失業。一技之長使用時間在縮短，難以支撐一輩子。因此，必須跟隨社會需求的變化培養新的技能，「藝高」才會「膽大」，要學會不斷超越自我。

　　第四，重前途、輕薪資，為前途打工而非為「錢途」打工。一個月薪 3 萬元的工作，如果有廣闊的發展前景，其吸引力就要大於一個月薪 5 萬元卻沒有多大發展空間的工作。

　　作為新一代的年輕人，我們必須改變傳統的擇業觀，以滿足知識經濟的勞動力需求為目標，不斷的累積知識，培養創造和創新能力，完善自我以適應時代的要求。

從事能充分發揮自己能力的職業

華特‧迪士尼從自己的成長過程中總結出，在人生關鍵處要有這樣的認知：從事能發揮自己能力的職業。下面就讓我們看看他的成功歷程。

惹人喜愛的動畫明星米奇和唐老鴨的形象從 1930 年代開始風靡世界，經久不衰，深受成人和兒童的喜愛。它們的「父母」華特‧迪士尼也被人們稱為動畫片大王。他是有聲動畫片和彩色動畫片的創製者，曾榮獲奧斯卡金像獎。後來，他又根據這些可愛的銀幕形象設計和創建了被稱為世界第九大奇蹟的迪士尼樂園。

華特‧迪士尼 1901 年出生於美國芝加哥，他的父親是西班牙移民。

15 歲時，華特就確定了自己一生的理想。在他看來，他最大的本領是有異於常人的藝術感知力。他認為自己將來有可能靠畫畫賺錢，當一名畫家，於是便把課餘時間都用在繪畫上。他白天上學，晚上到芝加哥畫院學畫。20 歲時，華特到一家廣告公司工作，這期間他經常光顧電影院，成了好萊塢喜劇明星的崇拜者。這些喜劇片大都是一些既粗糙又幼稚的動畫片，年輕的華特既喜愛這種形式，又感到有點不滿足，他決心創造出比這更出色的東西。

此後，華特便經常去堪薩斯公共圖書館，閱覽有關電影動畫繪畫的書刊。1922 年，華特有了一點積蓄，他辭去了廣告公

司的工作，自籌 1,500 美元，創辦了動畫片製作公司。

　　1928 年 5 月，華特製作的米奇在好萊塢一家電影院祕密預演，觀眾反應不錯，製片人也都很欣賞。但是，因為一部片子的製作費高達 2,500 美元，價格比一般的動畫片要高，片商們都在等待觀望，而沒有人訂貨。1928 年 11 月 18 日，米奇系列的第三部片子《汽船威利號》（*Steamboat Willie*）在殖民地劇場首映，深受歡迎。在第二天的報紙上，影評家們對這部動畫片讚不絕口，稱它是「天衣無縫的同步之作」。

　　從那之後，米奇系列片一部接一部的拍了出來。1932 年，迪士尼公司的第一部彩色有聲動畫片《花與樹》（*Flowers and Trees*）獲得了極大成功，並獲得當年的奧斯卡獎。《花與樹》的成功不僅進一步確立了華特·迪士尼在動畫片領域的地位，也為他帶來極為可觀的收入。

　　1933 年，華特又拍成了彩色動畫片《三隻小豬》（*The Three Little Pigs*），首映盛況不亞於米奇系列片。當時美國正處於經濟危機中，這部片子的主題歌〈誰怕大灰狼〉（*Who's Afraid of the Big Wolf?*）風行一時。之後，華特又拍了一些米奇題材的動畫片，並在其中加入了「唐老鴨」、「布魯托」等形象。

　　1934 年，華特在歐洲旅行時，從巴黎的一位老闆那裡得到靈感，決定拍一部長動畫片《白雪公主》（*Snow White and the Seven Dwarfs*）。當時還沒有動畫長片問世，一部長片的放映時

間大約為一個半小時，很多人都認為華特這樣做是冒險。但他堅持下來。1937 年 12 月，片子拍攝完成，果然又是盛況空前。這部片子被譯成各國語言，在全球放映，盈利比華特預期的要高出 10 倍。

華特天生有著無窮的想像力，就在他創作米奇、唐老鴨、三個小豬、白雪公主等動畫片角色時，他已經開始設計一座童話樂園。他想像那是一個孩子們的世界，不僅有動畫片和童話故事裡的人物、建築和樹林，還有各式各樣新穎有趣的遊戲，總之，它應該充滿兒童的樂趣。1955 年，樂園建成並啟用，出乎他意料的是，這座樂園並不完全是屬於孩子們的，成年人也和孩子們一樣對它懷有極大的興趣，它成了洛杉磯一處代表性的旅遊景點，所有到美國西海岸來的遊客都要來此一遊，迪士尼樂園收益更加龐大。後來，華特在美國東部的佛羅里達州又建了一座規模更大的樂園，叫做「迪士尼世界」，園內設有酒店和更多的旅遊景點，成為美國最有趣的一個度假村。

從華特‧迪士尼的成功之路可見，從事任何職業都需要能最大限度發揮自己的能力。

如果你錯誤的評估了自身能力，以為能夠勝任經過自己周密考慮而選定的職業生涯，那麼這種錯誤將使你受到懲罰；即使你可能不會受到外界指責，但你也會感到比外界指責更為可怕的痛苦。

▶▶ 第五章　選對工作不瞎忙

　　如果你把這一切都考慮過了，如果生活的條件容許你選擇任何一種職業生涯，那麼你就可以選擇一種最適合的職業；選擇一種建立在你深信其正確的思想基礎上的職業；選擇一種能為你提供廣闊場所進行活動、接近目標（對於這個目標來說，一切職業只不過是方法），即完美境地的職業生涯。那些使你高尚起來、使你的活動和你的一切努力具備崇高品質的東西，就是使你無可非議受到眾人欽佩並高出眾人之上的東西。

　　人生的訣竅就是善於經營自己的長處。在人生的坐標系裡，一個人如果站錯了位置——用他的短處而不是長處來做職業，那是非常可怕的，他可能會在永久的卑微和失意中沉淪。因此，對於自己的一技之長，你要充分發揮其作用，即使它不怎麼高雅入流，也可能是你改變命運的一大財富。選擇職業同樣也是這個道理，你無須考慮它會為你帶來多少錢、能不能使你成名，你應該選擇最能使你全力以赴的職業，應該選擇最能使你的品格和長處得到充分發揮的職業。要知道，在任何一種職業中都有出人頭地的人。

　　經營自己的長處能為你的人生增值，而經營自己的短處會使你的人生貶值。富蘭克林說過的「寶貝放錯了地方便是廢物」就是這個意思。

熱愛的工作易出成就

27 年前，在美國紐約市體育場，數萬名來自全球各地的觀眾懷著複雜的心情參加了一位巨星的退隱儀式。一代球王比利（Pelé）宣布要退出綠茵場，這是最後一場告別賽。球迷們帶著極大的遺憾匯聚到紐約，欣賞這位天才的最後表演。場上的比利百感交集，場下的球迷戀戀不捨。當比利哽咽著宣布從此退出足壇時，場上場下涕淚滂沱。

是什麼造就了比利，成就了歷史上最偉大的球王？

顯然，非凡的天賦、多年的刻苦訓練、堅毅的品格都是比利成為巨星的原因。但最不可或缺的原因卻不是這些。

比利說：「我熱愛足球，足球是我的生命！」

執迷不悔的愛戀是推動比利踢球的原動力，在一種與生俱來的興趣引導下，比利步入綠茵場，逐漸成為萬眾矚目的英雄。

年輕時，比利當運動員；退役後，他成為教練、當評論員。比利以足球為生，足球事業是比利終生的職業。也正是足球為比利的一生帶來了無窮的樂趣、無上的榮譽和無盡的財富。

從事一項你喜歡的工作，工作本身就能為你帶來一種滿足感，你的職業生涯也會因此變得妙趣橫生。

在設計職業生涯時，你務必要注意：考慮自己的特點，珍惜自己的愛好，擇己所愛，選擇自己喜歡的職業。

任何職業都要求從業者掌握一定的技能、具備一定的條

件。難以想像讓一名卡車司機駕駛一架民航班機會出現怎樣的後果，也沒有人會讓文盲去操縱電腦——他們不具備那些專業能力。不同職業對技能的要求也不一樣。任何一種技能都是經過一定時間的訓練後，才逐漸被工作者所掌握的，而每個人的一生都很短暫，誰都不可能在一生掌握所有的技能。

馬克吐溫作為職業作家和演說家可謂名揚四海，獲得了極大的成功。你也許不知道，馬克吐溫在試圖成為一名商人時卻栽了跟頭、吃盡苦頭。馬克吐溫曾投資開發打字機，最後賠掉 5 萬美元，一無所獲。馬克吐溫還看見出版商因為發行他的作品賺了大錢，心裡很不服氣，也想發這筆財，於是開辦了一家出版公司。經商與創作畢竟風馬牛不相及，他很快陷入困境，這次短暫的商業經歷以出版公司的破產倒閉告終，他本人也陷入債務危機。

經過兩次沉重打擊，馬克吐溫終於認知到自己毫無商業才能，就斷了經商的念頭，開始在全國巡迴演說。這回，風趣幽默、才思敏捷的馬克吐溫完全沒有了商場中的狼狽，重新找回了感覺。到 1898 年，馬克吐溫還清了所有債務。

尺有所短，寸有所長。你也許興趣廣泛，掌握多種技能，但在所有技能中，你總有最擅長的一項。有些人善於與人打交道，有些人則更適於管理機器物品。在設計自己的職業生涯時，你千萬要注意：選擇最有利於發揮自己優勢的職業，即擇己所長。

在國際貿易理論中，有一個著名的比較優勢原理：在美國，每單位投入能生產 25 公斤小麥或 8 公尺布；而在世界其他地

區，每單位投入能生產 10 公斤小麥或 8 公尺布。顯然，在小麥上，美國的生產能力超過其他國家，而在布的生產成本上卻與別國相似。那麼，美國究竟應當生產哪種產品才能獲得最大收益呢？相對來說，美國在小麥生產方面的優勢更大，應當將資源用於小麥生產，從他國進口布匹，與他國透過小麥與布的交換來滿足自身需求。這種比較優勢原理即使各單位透過分工，選擇製造相對生產能力最強的產品，獲得最大收益。

比較優勢原理同樣也適用於職業生涯設計。當你長處較多時，不妨觀察一下周圍人群，研究一下別人的長處和短處，如果你的長處也正是別人的長處，不妨放棄這種選擇，盡量尋找一個你非常拿手、而別人卻感到棘手的職業，這種選擇往往可以讓你平步青雲，因為在這一領域內，很少有人能和你競爭，只有你一枝獨秀。

職業與性格最好相容

不同的性格適合於不同的職業。具備某種性格的人在某個職位上可能會得心應手，而在另外一些職位上可能會一塌糊塗。不同的職業有不同的性格要求，有些職業需要具有外向、爽朗、開放性格的人去做，而有些職業則需要文靜、謹慎、耐心的人去做。可見，根據自己的性格去選擇合適的職業有助於個人的成功。

　　人與人之間性格的差異是很大的。心理學家認為，與職業相關的性格有很多種，大致可分為現實型、探索型、藝術型幾種。這幾種類型的人具有如下典型特徵。

- 　**現實型**：這類人表達能力不強，不善於與人互動，思想較保守，對先進的東西不感興趣。但他們身體強健，動作靈活敏捷，喜歡戶外活動，喜歡使用和操作大型機械。「安分隨流、直率坦誠、實事求是、循規蹈矩、堅忍不拔、埋頭苦幹、情緒穩定、勤勞節儉、注重小利、膽小怕事、不善算計」是對他們很好的描述。他們通常適合於機械製造、建築、漁業、野外工作、實驗工作、工程安裝以及某些軍事職業等。

- 　**探索型**：具有探索型性格的人一般易沉溺於研究問題中，並表現出對工作的極大熱情，而對周圍的人並不感興趣；他們善於透過思考來解決面臨的問題，但並不一定實現具體的操作；他們喜歡面對疑問和不懈的挑戰，不願循規蹈矩，總是渴望創新；他們把自己描繪成「分析型的、好奇的、獨立的和含蓄的」。適合於他們的工作是工程設計、生物學研究、社會科學研究、物理學研究、氣象學研究等。

- 　**藝術型**：他們在有自我表現機會的藝術環境中如魚得水。他們願意單獨行動，這與探索型的人相似，但他們比探索型的人有更強的自我表現欲，對自己富有自信。他們一般敏

感、情緒化、與眾不同、個性鮮明、樂於創造、為追求心中的理想可拋棄一切。藝術型的人可描述為「獨立不羈、創新求異、不同凡響、熱衷表現和熱情洋溢」。他們通常適合當藝術家、畫家、歌唱家、戲劇導演、詩人、演員。

可能有些讀者會有疑問：如果職業要求與性格產生了矛盾怎麼辦？

一是抑制自己的本性，努力改變自己性格上的缺點，按工作要求去做；二是另做其他選擇。這兩種辦法究竟哪一種好，在不同的情況下可以有不同的選擇。如果你找到一個就業機會很不容易，而你卻不大願意從事這項工作，那你就必須下決心改變自己。實際上，有些人也能克服自己性格上的弱點。

正確的處理職業與性格的關係，你除了要考慮自身性格與職業要求中人際關係的適應性外，還要考慮自己的性格特點與職業工作的性質、特點的適應關係。國內外研究發現，有成就的傑出人才中，絕大多數是屬於性格堅強、有毅力、勤奮進取的類型，其中有的人要經過數年甚至數十年的努力，花費大量的精力和勞動，才獲得一項或幾項成果。這就告訴我們：一方面，我們要在後天各種條件上培養、鍛鍊自己的性格，使之適應更廣泛的職業領域裡的工作要求；另一方面，我們也要根據自身特點，選擇更適於發揮自己性格特長的工作。

周全的考慮爭取收益最大化

你是否還記得童年時代的許多往事？

那時經常有人挑著擔子，走遍大街小巷，手中一串金屬鈸片鏗鏘作響，口中的吆喝聲抑揚頓挫。人們一聽就明白是修補破鍋、破盆的工匠來了，於是紛紛拿出家中漏底的鍋碗瓢盆讓他修補。今天，在高高聳立的大樓之間，你很難再找到他們的影子，因為他們的職業生存空間相比以前而言，實在是太狹小了。

社會的需求在不斷變化著，舊的需求不斷消失，同時新的需求不斷產生。昨天的搶手貨今天會變得無人問津，生活就是處於不斷的變異之中。

幾年前社會上突然掀起了一陣呼啦圈熱，一時間無論街頭巷尾，老人孩子不論清晨黃昏的搖擺起來，市場上呼拉圈銷售異常搶手，商家爭相進貨，廠家也竭力生產。沒想到呼拉圈熱得快，冷得也快，幾個月後，人們的新奇感消退了，商店裡呼拉圈堆積如山，盲目跟風的廠商叫苦不迭。

在設計自己的職業生涯時，你一定要分析社會需求，擇市之所需，否則就只會自食苦果。

一個不得不承認的事實是，職業對你而言，依然是一種謀生方法，是謀取人生幸福的途徑。你透過職業工作，在謀取個人福利的同時，也為社會做出了貢獻，創造了社會財富。但你謀取職業的第一動機卻很簡單，首要目的就在於個人生活的幸

福。誰都期望職業生涯能帶給自己幸福，利益傾向在很大程度
上支配著個人的職業選擇。

在擇業時，人們可能會首先考慮自己的預期收益，這種預
期收益要求你實現最大化的幸福，也就是使收益最大化。馬斯
洛（Maslow）將這種的需求按先後次序排列成五個層次：生理
需求、安全需求、愛與歸屬的需求、自尊需求以及自我實現的
需求。個人預期收益在於使這些由低到高的基本需求得到極大
的滿足，而衡量其滿足程度的指標主要有收入、社會地位、職
業生涯穩定感與挑戰性等，不同的人有不同的偏好，每個人都
會盡可能滿足其所有的需求。

每個人都渴望幸福，期望在自己的職業生涯中實現收益的
最大化。透過在職業領域內的不懈奮鬥造福社會，社會就會賜
給我們由收入、地位、自我實現等等調製而成、貼上幸福標籤
的美酒。

聰明的人都會在事業與利益之間有效的協調，以利益最大
化原則權衡利弊，從一個社會人的角度出發，在一個由收入、
社會地位等等變數組成的函數中找到一個最大值。

在選擇職業生涯時，按自己的標準量體裁衣以實現收益最
大化。這一原則希望讀者牢記於心。

第五章　選對工作不瞎忙

第六章　機會面前目光如炬

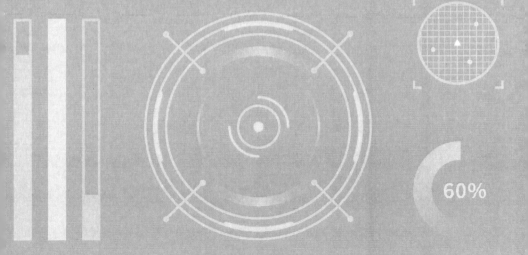

60%

　　宋太宗時，朝廷發生了「潘楊之案」。

　　「潘楊」指的是潘仁美與楊延昭，一個是開國功臣、堂堂國舅；一個是鎮邊大帥、世代忠良。這個案子在當時是一個燙手的山芋，誰也不敢去接，生怕一招不慎，輕者革職流放，重者凌遲處死、株連九族。

　　當時的晉陽縣縣令寇準卻發現這是一個平步青雲的好機會，他認為這個案子如果辦好，有望升為南太御史甚至宰相，一路官運亨通。於是他果斷的接下「潘楊之案」，並實事求是的公正決斷，深得上下的信任與賞識，終於升為宰相。

點亮照明的蠟燭

　　機遇出現時並不大張旗鼓，甚至有時候，它會出現在你認為毫無希望的地方。

　　佛經上有這樣一個故事希望能給大家一點啟示。

　　弟子問佛祖：「您所說的極樂世界，我怎麼也看不見，又怎麼能夠相信呢？」

　　佛祖把弟子帶進一間漆黑的屋子，告訴他：「牆角有一把錘子。」弟子無論瞪大了眼睛，還是瞇成小眼，仍然伸手不見五指，於是他只好說看不見。

　　佛祖點燃了一枝蠟燭，牆角果然有一把錘子。

　　有時候，我們認為那裡沒有機會，很可能只是因為我們沒

有點燃那枝蠟燭而已。

再舉一個例子，英國有位名叫約瑟的老人，在異鄉獨自打拚大半輩子也沒有獲得多大成就。有一天，他看見一個介紹月球趣聞的電視節目，只見主持人煞有介事的在桌上攤開一張假的月球圖，向人們侃侃而談。

許多人看到這一幕，大概都沒想到這裡有什麼巧妙點子，但是約瑟卻忽然靈機一動，想到既然有地圖，為什麼不可以有月圖？有地球儀，為什麼不可以有月球儀？

善於觀察的他猜想人們一定會對這個新玩意感到好奇，這樣就可以賺到大錢，並且這又是個新興市場，利潤一定很高。

於是，他立即將想到的點子化為實際的行動，開始畫圖、印刷，同時在電臺做廣告銷售他的月圖、月球儀。

果然，許多學校、科普協會等單位都來訂貨，這個退休的老人竟然辦起了大型企業，現在全世界都有他的產品在銷售，每年利潤高達 1,400 萬英鎊。

只要你懂得仔細觀察，就會發現世界上充滿著很多新奇的事物，然後加以付諸實現，你就能為自己創造許多的機會。

所謂觀察，並非只是要在讀書時注意觀察，而是在日常生活中細心觀察，隨時關心周圍發生的事情。只要你有敏銳的觀察力，慢慢就會產生「對，就是那樣」的感覺，在剎那間和自己的心意相通。

接下來，如果你能接連不斷的想到「既然是這樣，那麼也

可以……」的話，你就已經產生了創造力，最後就看你有沒有把這個構想化為實際行動的毅力了。

　　你可以不必很聰明，也不一定要有高學歷，但唯一不可缺少的就是你要有敏銳的觀察力，它將是你建功立業的祕密武器。

機會在職場中

　　就像掘金要選一個富礦一樣，上班族要想職位不斷升遷也要擦亮眼睛選擇一個合適的公司、合適的部門、合適的上司、合適的同事……

一、選擇合適的公司

　　和人一樣，每家公司都有自己的「氣質」。有的凡事推託，辦事效率慢；有的則是以賽車的速度前進；有的公司標榜傳統；有的卻喜歡標新立異，不按常理出牌。

　　要是可能的話，建議你盡量選公司文化和自己的個性比較相投的公司。假如你是個不拘小節的人，在 IBM 或大銀行做事，一定不能順心，因為你必須穿得無懈可擊，而且嚴守公司的規定。所以，你就最好找一家完全不規定員工裝束的公司，像矽谷的電腦公司認為規定員工的著裝簡直是在浪費時間。更有甚者，有些激進的公司甚至不反對他們的程式設計師穿著浴袍上班，他們唯一在意的是員工能否把工作做好。因此，現在

有許多公司都擬定了彈性上下班時間，甚至工作地點也能隨心所欲。他們只希望員工能如期完成工作，其他的行動一概自由。然而，還是有許多傳統的公司執著於嚴謹的紀律規範和分明的等級制度。如果你想和高階主管會談，就一定得先打個電話安排時間，隨意進出他的辦公室是絕對不允許的。

　　只有選擇了與自己「氣質」相似的公司，你才能較快的得到上司及同事的認可。不巧的是，萬一你進入了一家與你「氣質」不同的公司，如果你仍存在晉升的奢望的話，出路就只有一條：努力迎合該單位的「氣質」。

二、選擇提拔機會較多的部門

　　在公司部門的選擇上，建議你應當選擇到那些提拔機會較多的部門工作。過去，宣傳部門和工會提拔了不少人，因為當時曾一度是熱門工作；後來，科技部門、人事部門出了不少優秀的人才，因為這兩個部門選人的起點都很高，平庸之輩一般是進不去的；近幾年，經濟越來越受到人們的重視，相應的，財會部門成為值得進去的一個部門。

三、選擇上司

　　對於同時走進職場的大學生來說，他們的起點基本一樣。但是幾年之後，他們在職務的晉升上就會拉開距離：有的晉升得快，有的晉升得慢，有的沒有得到晉升。晉升得快的人在談

起他們的進步時，往往會把上司的幫助和提攜放在首位；晉升得慢的人，則會對自己的上司流露出一種哀怨的情緒。可見，選對上司對獲得晉升是十分重要的。

　　一般來說，上司是不能由自己選擇的。但是，你可以創造條件去接近自己心目中認定的、比較理想的上司，並疏遠那些不理想的上司。

　　在選擇上司時，不僅需要看他們的心態意識、對部下的關心程度及提攜部下的能力等，還要看你自己的意願、想法以及你的興趣。有一些人在工作中追求的是職務的晉升，有的則是追求比較安定的環境，有的是追求比較高的經濟收入，還有的是為了事業的充實，也有的是圖名聲。各自目的不同，對上司的要求就不同，選擇上司的標準當然就不一樣。

四、選擇同事

　　在選擇同事時，你應該選擇心地善良、程度比你稍低的人為好。心地善良的人不會加害於你，不會在你提升的關鍵時刻在你腳下使絆，讓你栽跟頭；程度低一些可以保持他們對你的尊敬和信服，顯示你的高明之處。如果你選擇的同事處處比你強，而且又具有強烈的晉升欲望和競爭性，那在他們沒有得到提拔之前，你就得永遠步其後塵，你要越過他們則是極其困難的。如果你們程度相當，而且誰也不想相讓，最後的結果必然是兩敗俱傷。在人才流動中，不少人願意從大城市、大機關、

大企業等高層部門向鄉鎮、區街等基層部門流動，其原因就在
於盡量避開強者之間的競爭，尋找發展自己才能的機遇。

機會在生活中

在每個人的生活中都充滿了機會：學校裡的每堂課都是機
會；每次考試都是機會；每位客戶都是機會；每次教訓都是機會；
報紙上的每篇文章都是機會；商業活動中的每次交易都是機會。
禮貌的對待別人，展現自己特殊的氣質，誠實的對待他人、結
交朋友都可能創造出機遇。每次承擔責任所得到的鍛鍊和榮譽
都是無價之寶。

有個小故事可以讓我們更明白這個道理。查理曾是費城的
一名優秀經紀人，現在是西部城市的一位富翁。他的發跡是從
經過一家拍賣商店碰到的一個機會開始的。在那家拍賣商店
裡，他看到好幾箱母親常買的香皂。於是，他匆忙的到另一家
母親經常光顧的商店，向那裡的老闆詢問香皂的價格。老闆告
訴他每 500 公克 12 美分。他繼續與老闆討價還價，老闆以開玩
笑的口吻告訴他再也不能少了，如果他可以用 9 美分的價格弄
來這種香皂，那麼拿來多少這個老闆都會收。查理立刻回到拍
賣商店，以每磅 6 美分的價格買下店內所有的香皂。他就這樣
在生意場上，賺到生平的第一筆錢。

還有個類似的故事。一天晚上，美國有個大學生正在一個

小小的海港城市裡輾轉難眠，考慮自己是否該放棄學業，因為他沒錢繼續上學。此時他突然聽到有人喊：「失火了！」他趕緊衝出去，發現一艘貨船被熊熊大火所包圍。他問剛好在附近的船主人：「你為什麼不趕緊救火，好搶救一些貨物回來呢？」船主人回答說：「不啦！火勢太大了，我想沒必要了，如果明天早上船上還能剩一些東西，我或許會把它們撿回來。但到時候應該什麼都不剩了。」

「既然如此，我用 400 美元跟你買這艘船上的貨物好不好？」

「求之不得！」

這名學生立即召集幾名同學和一些小鎮上的人，同心協力的撲滅這場火。在接下來幾天裡，他賣掉從船上救出來的東西，並因此賺了 5,000 美元。在火災發生的時候，船主人認為這艘船搶救無望，但這個學生卻當機立斷，對事態的發展情況做出正確的判斷，並得到了實質的回饋。

一個美國北方人由於久病初癒在家休養。一天，他用軟松木為他的孩子削了一件玩具。他的玩具做得很好，左鄰右舍的孩子看了愛不釋手，也都請求他幫他們做玩具。找他做玩具的孩子越來越多，很快的他便發現，自己原來正在從事這整個學區內的玩具零售業。因此，在他完全康復後，他開了家公司從事大規模的玩具業，現在他的玩具在美國已是遠近馳名。

堪薩斯城一位叫麥克斯威爾的女士，為了生計開創了一個擦鞋事業。她僱用許多擦鞋匠，並安排他們定點在城市裡各個合適的角落工作。不久，她發現這個事業的淨利是她當老師時的五、六倍之多。在支付了必要開銷後，若賺的錢還有盈餘，她就會撥出一部分來幫助那些不幸的人。她有計畫的幫助那些擦鞋匠和街頭流浪者，他們因此成為忠實朋友。她可親的舉止與善心使得她的生意有口皆碑。這就是證明一個人可以活得更有價值的好例子。

機會在小事裡

善於發現別人不能發現的細微之處，這也是成事的基本功。

有一位美國年輕人在某石油公司工作，每天的任務就是雙眼瞪著機器：當石油罐在輸送帶上移動到旋轉臺的位置時，就會有焊接劑自動滴下、沿著蓋子迴轉一周，一項工序就宣告完成了。

他每天的工作就是不計其數的注視著這個旋轉臺，單調而乏味，似乎一個小孩都能勝任這份工作。

如果他這樣年復一年、日復一日的工作，終究也只是一個碌碌無為的「小工人」，直至成為「老工人」，遇到經濟蕭條還免不了會失業。他也曾經有過自己創業的念頭，可是想到他沒有其他本事，最後也只好作罷。

然而，這位年輕人平時遇事特別喜歡研究。他反覆觀察旋

轉臺的工作狀況，終於發現：罐子每旋轉一次，焊接劑便自動滴落 39 滴，然後焊接工作便告結束。他想，在這一連串的工作中有沒有什麼可以改進的地方呢？如果將焊接劑減少一、兩滴，能不能降低成本呢？

經過一番研究，他終於研究出了「37 滴型」焊接機。但是很快他發現，利用這種機器焊接出來的石油罐偶爾會導致漏油。他並不灰心，接著又研製出了「38 滴型」焊接機。這次效果非常理想，得到了公司的很高評價，不久就真的生產出了這種焊接機，工廠開始採用這種全新的焊接方式。

雖然這一改進只是節省了一滴焊接劑，可就是這「一滴」卻能為公司創下每年 5 億美元的利潤。

這位年輕人就是後來掌握全美石油業 95％ 實權的石油大王 —— 洛克斐勒（John Davison Rockefeller）。改良焊接機的行動徹底改變了洛克斐勒的人生軌跡。

一般人可能都會忽略身旁的小事，認為小事無足輕重，可是如果你能留意小事的緣由，說不定也能為自己賺來意想不到的財富。

舉個例子，日本的池田菊苗博士很善於從小處著眼，想出重大的點子。

有天在家吃飯時，他用筷子下意識的攪了攪熱湯，喝了一口問妻子：「嗯，味道很鮮美，用了什麼佐料？」妻子回答說：

「今天的湯是用海帶煮的。」

小孩聽了，突然插嘴說：「爸爸，海帶為什麼會有鮮味？」

在通常情況下，一般人都不會在意這個小問題，但是池田菊苗博士卻認真的思索鮮味究竟是怎麼來的。他開始分析海帶的成分，經過多次加工提煉後，他發現了一種白色結晶的物質對調味很有用處，這就是世界上最早發明的味精。後來，他又從其他物品中提取出成本更低的味精，然後申請專利，開辦工廠大量生產，為他帶來鉅額的利潤。

找出原因，往往能有助於發現其中的奧祕，而為自己帶來新的發現。如果因事小而不為、或者根本不以為然，這只會使你與賺錢的機會擦身而過。西方某作家曾說：「對微小事物的仔細觀察，就是商業、藝術、科學及生命各方面的成功祕訣，人類的知識都是由世代相傳的小事情的積聚，也是從知識及經驗的一點一滴匯集起來，繼而積成一個龐大的知識金字塔。」

隨時注意小處、對小處有深刻的認識，大處則自然不會被忽略，做起事來也會事半功倍。可能會有人認為拘泥小節是小人物的作風，但是如果能注意到細枝末節，也未必就成不了大事；反倒是有財運的人，往往是在小事情上也會十分專注。

成事的機會是流動的，你不知道什麼時候會輪到自己，相信很多人都曾有過這種感慨。但只要你能多留意身邊的小事情，照樣也能獲得很多賺錢的機會。

　　日本有個家庭主婦，每天在先生早起時，都會立刻煮麵給他吃，但若是晚起或在深夜，不論煮麵或洗碗都很麻煩，這位主婦便想出一種不用煮麵也能吃到麵的方法，也就是使用一般的塑膠杯，將乾麵條放進去後，再用保鮮膜蓋住，等先生回來後，熱水一沖即可吃到熱呼呼的麵。

　　先生覺得這個構想很好，便與製麵公司聯絡，該公司覺得這個方法可行，便以 100 萬日幣買下其發明權，這也就是今天大家看到的泡麵。

　　可見，成事的方法是無所不在的，你不一定要有高深的學識，也不一定要有過人的天賦，但你絕不能缺少敏銳的觀察力。

失業或許也是一次機會

　　一隻在雞窩裡長大的鷹不知道自己有翱翔藍天的本領，一直不敢離開地面。主人沒有辦法，只好將鷹從懸崖上扔了下去，急速墜落的鷹不得不嘗試著扇動翅膀 —— 結果牠飛起來了。這就是「置之死地而後生」。失業對於大多數人來，也無異於步入絕地，但絕地也許是發現自己、展示自己、證明自己的一次機會。

　　「失業」使許多人陷入了困境。首先，失去了固定的工作與收入，沒有了生活費的來源，甚至全家的基本生活都得不到保障。其次，失業者的心理受到很大的創傷，他們會認為失業

是因為自己沒本事，從而感覺無顏面對父母、配偶、子女、朋友。第三，再就業非常困難。近幾年，經濟結構調整、景氣恢復較慢，而失業人員在原公司所掌握的技術比較單一、落後，這兩種因素使得失業者再就業非常困難。

問題很多、困難極大，但我們還是要正視這些問題與困難，一味的怨天尤人不能解決任何問題。我們要對失業有一個正確的認知。

首先，大規模裁員是過去幾十年以來社會、經濟發展帶來的一種必然結果。

透過裁員使技術落後、沒有市場的老企業關閉退場，使社會負擔沉重的企業減人增效，這樣才能使企業重新具有發展的活力。

其次，以前的「環境」其實是一種不正常的狀態。

大多數工作者都在一個一視同仁的環境裡，習慣了穩定平和的生活，不管風吹雨打、工作做得如何，薪水照發、福利照領、花費實報實銷，基本上沒有什麼壓力。

這就如同籠中的鳥一樣，有人管、有人餵，雖然吃得不好，有時候還吃不飽，但鳥總是餓不死。久而久之，牠就把籠中的生活當成了正常的生活、處於自然狀態的生活，產生了一種安全感、優越感，從而喪失了進取心、產生了惰性，而把籠外的鳥在海闊天空中覓食當成一種不正常、非自然狀態的生活，甚至還會鄙夷、恥笑那些在海闊天空中自由覓食的鳥兒。

籠中鳥的心態顯然是錯誤的。自由覓食的鳥雖然時時會有困難、危險，但牠也在海闊天空中鍛鍊了生存的能力、增強了覓食的本領，牠的收穫從整體上說比籠中鳥更豐富，生存能力也強得多。

人的「就業」與「失業」就好比是籠中鳥與籠外鳥。人們在公司裡，沒有生存壓力，沒有努力工作的意識，生存能力低下，這實際上並不是人的正常生存狀態。「失業」的本質，就是自己替自己找工作，自己為自己的生存和生活道路負責，這才是人的正常生存狀態。「失業」就是使人的生存狀態由不正常走向正常。

再次，失業將成為人們普遍面臨的問題，自主擇業將成為人們普遍的生存狀態。

隨著企業改革進程的推進，隨著經濟體制的逐步完善，企業用人必將引進成熟的競爭機制，個人就業的主動性也越來越強。到那時，被動裁員不再成為失業的主流，可能會有一大批人為了追求更好的工作環境、更加發揮自己的能力、獲得更多的收入，從而主動離職，另謀就業的機會。不斷的離職、不斷的再就業將成為一種普遍存在的社會現象。實際上，這種機制的成熟也會為每一個真正有能力的人提供自由發揮才能的空間。

為什麼說失業是一種社會機會呢？

首先，從歷史上看，每一次大的社會變動，都為人帶來一次大的發展機會。

在社會變動時期，社會流動性增強，舊的秩序廢棄了，新的秩序還沒有完全建立起來。在這個時候，那些腦筋比較靈活、動作比較快的人，就能在這個社會大變動時期抓住潛在的機會獲得成功。而大規模裁員的現象，正是一次社會大變動，這其中必然蘊藏著大機會。

其次，每一次大機會出現的初期，總是困難最多、風險最大的時期。

那些「主動離職」的人，他們的一紙辭呈就把自己放到了市場裡，其豁達與勇氣在當時是不被人理解的，名聲是很差的，但是他們卻因此抓住機會、獲得成功。在那個時期，具備靈敏嗅覺的人很早就認清楚了「鐵飯碗」的弊端，認清楚了機會對自己的重要性，千千萬萬個聰明人也因此走上了成功之路。

將他們的幸運與現在我們的狀態相比較，暫時的困境和「名聲差」會不會預示著：或許這次大規模裁員也是一次社會性的成功機會呢？

第三，先失業比後失業的人更有條件抓住機會。

不斷的失業，然後不斷的再就業，這是將來社會的正常現象。也就是說，每一個人在將來都有可能失業，早失業者先行接受生存的考驗，觀念提前得以轉變；後失業者則不然，他們為了獲得生存能力、實現觀念的轉變，可能比先失業者要付出更多。從這一點來說，遲下不如早下。有人就此說了一個很有意思的比喻：「遠古時期，森林裡著了大火，被迫跑出來的猴子

先變成了人，而生活在沒有著火的森林裡的猴子，直到現在仍然還是猴子。」

　　比喻不一定恰當，但是這至少可以說明，「失業」這場「大火」從社會進步以及個人長遠發展看來，雖然會有陣痛，但或許也是一次機會，至少不完全是壞事。困難並不一定是壞事，而機會往往產生於此。

眼光獨到穩抓商機

　　所謂商機，就是發展商品經濟的市場機遇，也就是人們常說的商業機會。商機是從商者的生命線，對於他們來說，商機背後隱藏的是龐大的財富與無限美好的前景。波濤洶湧的商海大潮蘊藏著無盡的商機。然而，商機又是轉瞬即逝的，這就要求商人具備敏銳的洞察力，能夠及時的辨識它，並迅速把握住它。

　　商機廣泛存在於社會經濟生活中，但它的存在並不是顯露的，也就是說，人們並不是一眼就能看到她的身影。她隱藏於紛繁複雜的社會生活之中，只有以敏銳的眼光、積極的行動，才能撩開她頭上的神祕面紗，看見她俏麗的身影。

　　許多人在創業之初問得最多的問題是：現在做什麼生意最賺錢？別人的回答五花八門，事實上，別人也難以說清楚這個問題。從事外貿和外國人做生意，拿的是美元，當然賺錢，但也有

虧本的；擦皮鞋一塊錢一塊錢的收集，也有做成連鎖店發財的。

創業如下棋，高明的棋手能以獨到的眼光統觀全盤棋勢，能看出以後許多步棋的步法。當然，「棋藝」的高明不是天生的，而是靠辛勤的練習、觀察和思考得來的。

只顧眼前利益的人，只能走一步算一步。這種人若不逐漸拓寬自己的視野，很難成為一個真正成功的企業家。有一個發生在美國的真實故事。一個很窮的叫亨特的年輕人真心追求一位名叫哈斯特的女子，但哈斯特的父親卻不同意女兒嫁給他。一天，亨特勇敢的向哈斯特的父親求婚，但得不到應允。這位父親很不客氣的對這位窮年輕人說：「市場這麼大，遍地是黃金，只有懶惰的人才會一貧如洗。如果你有本事，請在 10 天內賺 1,000 美元給我看看。」

當時窮得連 10 美元都沒有的亨特，為了爭一口氣，動起腦筋，整天整夜的思考賺錢的事。他苦思了幾天之後，終於想出了用一小段小鐵絲做成別針的小發明。亨特在大功告成之後，到專利局申請了專利，並很快把專利賣了出去，果真在 10 天之內賺到了 1,000 美元。於是，他高興的去見哈斯特的父親，把怎麼賺到 1,000 美元的事一五一十的告訴他，心想這次一定大功告成。誰知哈斯特的父親聽完後不但不高興，反而生氣的說：「你這個傻瓜！你怎麼能把一個有價值的專利輕易的賣掉呢？那足可以值上百萬美元的。你這麼沒有頭腦、沒有眼光，哈斯特怎麼能嫁給你呢？」

▶▶ 第六章　機會面前目光如炬

　　這個充滿戲劇性的故事帶給企業者這樣的啟迪：創業是一門學問，只有眼光獨到、看得深遠，你才容易發現賺錢的機會。

　　從來沒有人會想到小小的紙盒也能賺大錢。賺慣大錢的東京人，對做紙盒這樣的小生意向來是不屑一顧的。特別是書套紙盒這類玩意，價格低廉，沒多少油水利潤可賺。所以，紙盒行的老闆們一向不插足這種生意，把它推給書籍裝訂商；而書籍裝訂商又一腳把它踢給了紙盒行。

　　書套紙盒實在太難做了，外觀要求高雅漂亮不說，特別是尺寸要求不像水果包裝盒那麼寬鬆，也不像糕點盒那樣留有較大的餘地。它必須要求書籍跟書盒嚴絲合縫、十分吻合，稍有差異就是廢紙一堆。

　　面對如此難題，日本東京有一個「傻瓜」卻看到了創業的曙光。這「傻瓜」的憨傻之處，正是這一幫精明人疏忽之處。拿現在時髦的話來說，這正是一個市場飽和期新的經濟成長點。

　　既然人們對書套紙盒的生產沒有興趣，那麼就說明這一市場空間沒有任何人前來擠占。只要自己能好好把握住，就能大賺一筆。於是，這個叫長澤的年輕人出手了。

　　眾人對書套紙盒興趣缺乏，主要在於它的製作要求太高，耗時費工。可是長澤卻想了個鬼點子，把這套繁瑣的工序簡化了，把難事變得簡單了。他首先準備拿書套紙盒的製作程序開刀，將它予以分解。他發現，整個看似繁瑣的程序中只有十分之一的部分需要熟練的技術，而其餘部分，任何一個沒有經過

專業訓練的家庭婦女都會做。掌握了這一關鍵，從此，這生意就完全屬於他了。

一個獨具慧眼的觀察力、一個技術祕密的分解，這使得人人退避三舍的行業變成了一個透過簡單技術就能發財的熱門行業。不過，即使有人發現這是一門賺錢的生意也只能望而興嘆，因為沒人有長澤那樣分解技術的能力。

沒幾年，一無所有的長澤便坐上了全日本書套紙盒業的第一把交椅。隨著審美眼光十分苛求的日本人對書籍包裝無止境的要求，長澤的公司行情也更加看漲。

由此可見，成事需要獨到的眼光，要善於從平凡的事物中捕捉商機。據《史記・貨殖列傳》記載：秦末戰亂之中，各方豪傑爭取金玉，而一個姓任的「獨窖倉粟」。以後，楚漢相戰淮陽，「民不得耕種，米石至萬，而豪傑金玉俱歸任氏。」任氏致富的原因就在於他正確的預測社會形勢對商業的影響，獲得成功。又據《夷堅志》載：宋代紹興十年七月，臨安城燒起一場大火，一位姓裴的商人寧願放棄自家在火災區的店鋪，組織人力四處採購建房材料。火災過後，市場急需建房材料，朝廷給予免稅優惠，因而裴氏藉機經營建築材料獲得鉅額利潤，大大超過了自家店鋪在火災中的損失。裴氏正是因為眼光獨到而因禍得福。

獨到的眼光不是天生就有的，它建立在科學與理性的基礎上。要想練就一雙獨到的慧眼，你首先需要研究以下四個方面：

・當前社會的焦點

20 世紀末，英國王子查爾斯準備耗資 10 億英鎊在倫敦舉行 20 世紀最豪華的婚禮。消息一經傳出，立即成為社會焦點。而精明的商人都絞盡腦汁，想趁機賺一筆。糖果廠將王子、王妃的照片印在糖果紙和糖果盒上，紡織印染廠設計了有紀念圖案的各種紡織品，食品廠生產了喜慶蛋糕與霜淇淋，除此之外還有紀念章等各類喜慶裝飾品和紀念品，就連平常無人問津的簡易望遠鏡，也在婚禮當天被圍觀的人群搶購一空，眾多廠家為此大大的賺了一筆。

社會在發展，焦點層出不窮，只要你留心觀察，在你的周圍每天都會有大大小小的焦點和大眾的話題。運動賽事、股票、房地產等等熱門焦點不斷；你所生活的城市和社會也會有局部的焦點，如舉辦鮮花節、啤酒節、旅遊節、各式商展等。對政治家來說，熱門焦點是政績和社會繁榮的象徵；對普通市民來說，熱門焦點是景象，是熱鬧，是茶餘飯後的話題；對精明的商人來說，熱門焦點就是商機，就是賺錢的項目和題材。抓住焦點、掌握題材、獨具匠心就能賺錢。同時，你也要注意潛在焦點的預測和發現，在焦點還沒有完全熱起來之前，就要有所發現和準備，在別人沒有發現商機前，你能發現商機就更勝一籌。

拿出筆和紙，把你所感受到的當前的社會焦點和潛在的焦

點一一列出，看一看與焦點相關的市場是否具有現實的、潛在的需求，這就是你賺錢的著眼點。

大家都在做什麼

如果你既缺乏本錢、又沒有什麼經商的經驗，你不妨研究一下大家都在做什麼，先跟隨潮流也不失為一種切實可行的選擇。看看市面上什麼東西最暢銷、什麼生意最好做，你就迅速加入到這個行業中去。當然，別人做能賺錢，並不見得你去做也賺錢，關鍵是要掌握入門的要領。為此，你不妨先替別人打工，向做得好的人虛心學習他們經營的長處，摸清一些做生意的門道，累積必要的經驗與資金。學習此行業的知識和技能，發現他們經營中的不足之處，這有助於在你自己做的時候力爭加以改進。

同樣的，你可以拿出筆和紙，把你所觀察和了解到的、目前大家都在做的項目一一列下來，然後分析一下這些項目對你來說的可行性。

生活節奏的變化

現代生活節奏越來越快，越來越多的人接受了「時間就是生命」、「時間就是金錢」的價值觀念。快節奏的生活方式必然會產生新的市場需求，用金錢購買時間是現代都市人的必然選擇。精明的生意人看到這一點，做起了各式各樣適應人們快節奏生活需求的生意。比如在吃的方面，

微波食品和各種速食應運而生,其市場潛力十分龐大。在人口眾多的國家,隨著人們生活水準的提高和生活節奏的加快,必然要求速食食品品種更多、數量更大、服務品質更好,這方面市場拓展還大有文章可做。在穿的方面,由於生活節奏加快,人們偏愛隨意、自然、舒適、簡潔的服裝,除非出席正式重要場合,較少穿著一本正經的西服。在行的方面,擁有個人汽車對先富有起來的人來說已成為現實,租車業已由城市向鄉村發展,圍繞著交通和汽車用品市場展開生意,前景也十分廣闊。通訊業迅速崛起,各類通訊工具不斷更新,這方面的商品及服務需求也會不斷增加。

另外,人們還可以圍繞著適應生活的快節奏發展一些服務項目,如家務計時工作、維修工人、物業管理服務、快遞、送貨服務、上門裝收垃圾、電話訂貨購物、為老年人預約上門理髮、看病治療等都是可以進行的項目。

不妨建議你圍繞著生活節奏加快、圍繞著人們的衣食住行和生活服務各個方面細細想一想,然後拿出筆和紙,寫出與此相關的賺錢項目。

‧ 人們生活方式的變化

在人們的溫飽問題解決之後,更多想到的是享受生活、追求個性完美。圍繞著生活方式、生活觀念的改變,人們就

會產生更多新的市場需求。

愛美之心，人皆有之。首先，人們會追求自身的美，希望能青春永駐、瀟灑美麗，這以收入較高的城市中的年輕女性最為突出。她們需要各式各樣的護膚美容商品和美容服務。除了女性，男性也愛美，男人用美容商品、進美容院今天也不是新鮮事了。不僅年輕人愛美，中老年人也愛美。人們不僅追求自身美，也關注與自身有關的美，如自己穿的衣服、用的東西、住的房間等等也要不斷追求美。圍繞著人們對美的追求做文章，你會發現這方面的市場潛力龐大。

人們不僅追求美，而且還會追求健康，身體健康長壽是每個人的良好願望。圍繞著人們追求健康長壽的心理也會有許多商機，如現在都市興起的各類健身房、運動俱樂部、乒乓球館、羽球館等。隨著人們生活水準的日益提高，這方面的需求還會不斷的增加。

人們物質生活富裕後，自然要求豐富多彩的精神文化生活。向人們不斷提供豐富多彩、高雅的精神文化產品和相關服務，因此也正逐步形成一種新的產業。節假日的增多，方便了人們閒暇時走出家門，而走出國門、到外面世界走走看看的人也越來越多，與此相關的旅遊服務業和各種旅遊產品的發展前景也十分廣闊。

總之，社會在發展，人們的生活觀念、生活方式在逐漸發生變化，認真的研究這些變化，研究它們帶來的現實的需求和潛在的需求，這些將是你賺錢的著眼點。

像雄鷹一樣俯視

年輕人小覃，在某年春節後乘坐火車到了 A 城。當時他帶著 10 萬元，一心想到 A 城的鬧區開一家小商店。等他到 A 城一看，才發現 10 萬元太少了，根本不夠開店的費用。但他仍不死心，在 A 城的各個工業區周圍晃蕩，試圖接手一個便宜的小商店。

時間一天一天過去，小覃始終沒有找到一家合適價位的店鋪，他口袋裡的錢也越來越少。

當他只剩 5 萬元時，他感到絕望了。他覺得 A 城已不是他創業的地方，但又不願回家。無奈之中，他撥通了 B 城一位遠房叔叔覃先生的電話，他是一家服裝店的老闆。覃先生無意之中聽小覃說他在 A 城一家遊樂園附近打電話，便追問遊樂園內是否有紀念品商店。在得到小覃的肯定答覆後，覃先生指引了小覃一條生財之路：把家鄉土產的民俗服裝放到賣紀念品的小店代銷。

小覃聽完後，到園內與幾個店主談妥代銷的業務，然後坐火車回家鄉，收購了一批品質上乘的當地服裝服飾，做起了服裝生意。

由於小覃是當地人，能收購到價錢低而品質好的民俗服裝，因此他的服裝在 A 城遊樂園中的銷路看好。幾個月後，小覃聯絡叔叔，告知他在 A 城的生意已上正軌，供銷兩旺，並打算到 B 城的幾個旅遊點考察市場。

小覃當初一心只想開一家小商店，因此其視野一直鎖定在一個狹窄的空間裡，幸虧覃先生一番話才讓他如夢初醒，找到一項真正適合自己的生意。

這個故事帶給欲成大事的人很多意義：比如多求教於別人，比如認清自己的長處。而最重要的意義就是：不要拘泥於最初的某一想法和打算，要對事情做雄鷹式的全盤俯視。

不讓變局逃出法眼

世上常發生這樣的事：有的人正在做著很輝煌的事業，彷彿一切順水順風、如日中天，不料卻變故突來，事業如大廈一般頃刻轟然坍塌、變為瓦礫，個人也因此從萬眾矚目淪為不名一文，甚至成為乞丐或階下囚。

難道說這突然的變故就沒有一點發生的先兆嗎？

其實，一切事情或好或壞的結果都有其產生的原因。比如說地震，我們知道在它發生前就會出現徵兆，一些動物也會表現異常：雞在半夜時分突然鳴叫，狗無緣無故的突然狂吠不止……

▶▶ 第六章　機會面前目光如炬

　　雖說人生無常，但許多的結局，我們還是可以從人們平日的所作所為、或與其交往的人、或所處的環境中看出一些蛛絲馬跡，解讀出能預示吉凶禍福的一些密碼。下面的段落為大家講述了李倓的故事，藉以說明洞察力的重要性。

　　李倓，唐肅宗的兒子，被封為建寧郡王。李倓不但生性聰慧，英明果斷，且武功超群，有萬夫不擋之勇。文韜武略的他深得軍中將士的愛戴，大家經常在一起談論他的才能和武功，說者津津樂道，聽者如醉如痴。於是，肅宗皇帝想任命李倓為兵馬大元帥，統領大軍去東征。

　　宰相李泌知道後，對肅宗說：「建寧郡王確實很有才能，從文從武上說，這次東征的元帥當非他莫屬，但是有件事您不要忘了，他還有一個哥哥廣平王在呢。您把全國的主要兵力都由建寧郡王帶走，他又有很高的名望，那廣平王會很不舒服的。如果此次東征失利，那也罷了，如果大獲全勝，凱旋而歸，建寧郡王和廣平王誰輕誰重，天下人都會了然於胸了。」

　　肅宗擺手道，「先生大可不必為此擔心，廣平王乃是我的第一皇子，將來是要繼承帝位的，他不該將一個元帥的位置看得太重的。」

　　李泌回答：「皇上所言極是，可目前廣平王還未被立為儲君，外人也都不知道您的想法。再說，難道只有長子才能立為太子嗎？在太子未立之時，元帥之位就為萬人所矚目。在世人眼中，也就是誰當了元帥，誰就最有可能成為太子。假如建寧

郡王當了元帥並在東征中立大功，到了那時，陛下您即使不想讓他當太子，建寧郡王自己也不想當太子，可是，那些建功立業的將士們又豈肯罷休呢？如果封賞稍有差池，他們便會藉機實行兵變，擁立建寧郡王當太子，到時形勢所逼，建寧郡王怎能推卻？我朝初年的太宗皇帝和太上皇玄宗的例子，不就是前車之鑑嗎？」

李泌的一席話，使肅宗恍然大悟，於是下令任廣平王李俶為天下兵馬大元帥，掛印東征。

身為宰相的李泌，透過唐初的玄武門事件，很快洞悉如果任命建寧郡王為兵馬大元帥，會為將來引來宮廷政變，洞察力之強，使得一場紛爭消弭於無形。

其後不久，肅宗漸漸昏庸，受到張良娣、李輔國迷惑，形勢漸漸對宰相李泌不利，更對太子李俶不利。情況非常玄妙詭異。建寧郡王也已成為了一個屈死冤魂。

這天，李泌對肅宗說：「皇上，你我君臣一場，您知我沒有功勞也有些苦勞，現在我年事已高，頭腦昏庸，身心俱疲，不再適合做宰相一職了。請您允許我告老還鄉做個閒人吧。」

肅宗大驚，「你我君臣患難多年，正該和我共同享福的時候，你為什麼要離去呢？」

李泌答：「細說起來，我有五種原因不可再留。此時您讓我離去，等於免我一死。」

肅宗大詫：「何為五不可留？」

　　李泌坦稱：「我與您相遇太早，委任我官職太重，寵信我太深，我功勞偏高，我的事蹟太奇，是也。您此時不讓我走，等於殺了我一樣。」

　　蕭宗大笑：「先生太過慮了，你什麼罪都沒有，我為什麼要殺你呢？」

　　李泌說：「正因為現在您還沒理由殺我，所以我才敢請求歸隱山林啊。否則我又怎敢說？況且我說自己會被殺，原因不在您，是指上面的五種原因啊。」

　　蕭宗說：「是不是你要北伐，我沒有採納，你就生氣了呢？」

　　李泌答：「不是。我是因建寧郡王之死。」

　　蕭宗道：「建寧郡王聽小人話，謀害忠良，想奪儲位，難道罪不該殺嗎？」

　　李泌道：「建寧郡王若有奪位之心，廣平王就會恨他，可廣平王每次與我談他，都替弟弟喊冤，淚流不止。另外，阻止他當兵馬大元帥的是我，他應該恨我。可他為什麼對我很親善，認為我是忠臣呢？」

　　蕭宗道：「看來是我錯了，但木已成舟，我不想再提他了。」

　　李泌道：「過去的就過去了。我今天想為您唸一首〈黃臺瓜辭〉：『一摘使瓜好，再摘使瓜稀，三摘尤可為，四摘抱蔓歸。』您已摘下一個，千萬別摘了。」

　　「太深刻了。我記住了先生之言。」蕭宗答。

　　李泌和肅宗談後，即遁入衡山……

　　後來雖有張良娣、李輔國中傷太子，但有李泌提醒肅宗在前，太子得以安然。

　　洞察能力強的人，不但能趨利避害，明哲保身，使自己的事業順水順風，而且還往往能透過一些現象，洞穿本質，避免誤打誤撞，空耗時間、金錢，有時甚至能兵不血刃而退敵千里。為此，曾有人說：「瞬間的洞察力，其價值有時相當於畢生的經驗。」

　　漢高祖劉邦，龍廷初坐，來不及亨樂，北方匈奴又成了他一塊心病：匈奴大舉南侵，掠牛馬燒房屋，殺人越貨，氣焰囂張。為了除此心腹大患，劉邦遂率大軍 30 萬，御駕親征。

　　這口，大軍進入白登山（今山西大同市北），被匈奴單于冒頓早已埋伏好的幾十萬剽悍人馬圍住，左突右衝晝夜混戰 7 天，漢軍死傷無數，血水染紅了厚土，且斷糧缺草，情形已相當危急。

　　到了第八日，劉邦正於帳中緊鎖愁眉苦思良策之時，謀士陳平忽然求見。

　　「啟稟皇上，臣有一計，不知可行否？」

　　「快快請講！」劉邦此時正心急如焚，趕忙詢問。

　　陳平上前向劉邦附耳道：「臣昨日聽探子報，說冒頓這個人喜好女色，一日也少不了美女，偏偏他夫人閼氏又是一個出了名的醋罈子，一陣河東獅吼，倒也能將冒頓鎮住。因此冒頓每

次南侵，她都要在左右監督，冒頓雖凶悍，但因有把柄握在其夫人手中，對她倒也言聽計從，我計劃……」

此時也沒有其他更好的辦法，於是，劉邦答應了陳平。

陳平與一位使者做了一番精心準備，打扮成匈奴兵的模樣，悄悄下山，混入匈奴大營之中，又潛入單于皇后閼氏的帳前。偷眼看去，見帳中只有閼氏一人，便掀起帳簾，走了進去。

閼氏見自己帳中突現兩個陌生人，厲聲喝道：「什麼人如此大膽，敢私闖我的大帳？」

陳平上前一彎腰，朗聲道：「懇請皇后息怒，我乃漢朝使者，特向單于講和。」

閼氏一聽是漢朝使者，說道：「單于不在這裡，可到前帳找他。」

陳平輕聲道：「遵命，只是我這裡有漢朝皇帝送給皇后您的禮物，我想請您過目一下。」說完，陳平從使者的口袋裡掏出許多金銀珠寶及各種名貴飾物。

這些珍寶甫現，頓見流光溢彩，滿帳生輝。閼氏兩眼頓時放光，輕輕的拿起來，撫摸著，口中驚嘆不已，看來這些珍寶對久居漠北的她產生了很大的誘惑力。

一旁正在察言觀色的陳平見火候已到，便說：「皇后，我們漢朝皇帝聽說單于喜歡美女，特意挑了 300 名，準備送給單于。這幅美人圖，便是請單于先看樣子的，如果單于滿意，漢

朝可是美女如雲，不過先請皇后過過目，以防真送來了，連您也看著不順眼。」

陳平說完，將一軸畫卷徐徐展開，只見畫上美女，真有沉魚落雁之容，閉月羞花之貌，肌膚勝雪，千嬌百媚。

閼氏本就對冒頓喜歡女人放心不下，又氣惱不過，聽了陳平一段話，又見了美人圖，心中不禁醋意大發。她想：怪不得單于每每都要攻掠中原，原來醉翁之意不在酒啊！倘若他見到了這些美人，哪裡還有我的好日子過？

閼氏氣得渾身發抖，臉都變了顏色，但有漢朝使者在，只得咬著牙不發作。

陳平見閼氏中了自己無中生有之計，心中甚喜，便對她說：「時間緊迫，我們皇上那邊還等覆命。您是否請單于過目一下，也好退兵啊？」

閼氏連忙說：「不必了，你們將禮品放在這裡，可以回去覆命了，我讓單于退兵就是了。」

陳平進而道：「皇后，這可是軍國大事呀，還是請單于當面定奪才好。」

閼氏大怒，雙眼一瞪：「怎麼，來使莫非信不過我嗎？」

陳平裝作誠惶誠恐的樣子：「豈敢，只是——」

「休要廢話！我說退兵就退兵，單于照樣得聽我的！」閼氏恨恨的說。

陳平連忙點頭稱是，轉身退出，悄然回到漢營。

劉邦聽罷陳平的敘述，對匈奴退兵還有些將信將疑。待到第二天天一亮，發現匈奴都不見了，劉邦對陳平說：「陳平啊陳平，你簡直就是閼氏肚子裡的蛔蟲，她的心思被你摸得一清二楚啊！」

有句成語叫見微知著，意思是從細小的枝節上能看出大問題，這就需要練就很強的洞察力。

對問題洞察得越透澈、越明晰，就越能找對解決問題的切入點，掌控事情的發展。只有這樣，才能有的放矢，百發百中。

要想使你的人生處處閃爍智慧之光，洞察力的修練是十分重要的。

第七章　找出伯樂的好眼力

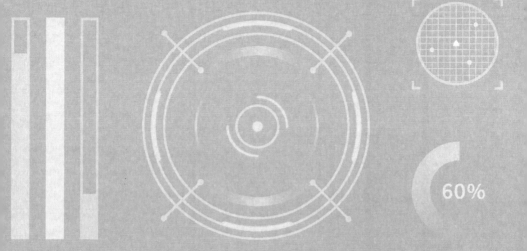

60%

▶▶ 第七章　找出伯樂的好眼力

　　馬援是西漢末、東漢初人。西漢末農民起義後，天下大亂，劉秀和公孫述同時稱帝。馬援先拜見公孫述，兩人本是同鄉，但弄了一套很繁雜的禮儀。馬援看公孫述太修邊幅，天下未定就大講排場，胸無大志、目光短淺，心想：「子陽（公孫述的字）不過是井底之蛙，而妄自尊大，難以長久。」於是又到雒陽去見劉秀。

　　劉秀只戴一個頭巾，始終對馬援微笑，十分隨便。在談了一會天下形勢之後，劉秀問馬援：「你在兩個皇帝之間游移不定，難道不覺得慚愧嗎？」

　　馬援回答說：「當今的時代，不但是君主要選擇怎樣的人才，而且人才也可以選擇誰是自己的君主，像我這樣的人也正是在觀察選擇呀。自以為是而人才不來投靠者，稱孤道寡都是枉然。我今天遠道而來，陛下怎知我不是刺客和壞人呢？但您能從容待我，一點也不猜疑，這證明您是像高祖一樣恢宏大度，是真正的帝王！」

　　於是，馬援選擇了劉秀。事實證明，馬援的選擇是正確的，他的才能有了一個施展的地方，多次立功，被封為伏波將軍，並成為東漢開國功臣。

174

尋找自己的貴人

有句話說「七分努力，三分機運」，我們一直相信「愛拚才會贏」，但偏偏有些人即使拚了也不見得贏，關鍵原因可能就在於缺少貴人相助。在攀爬事業高峰的過程中，貴人相助往往是不可缺少的一環，它不僅能替你加分，還能壯大你成功的籌碼。

「貴人」可以是指某位身居高位的人，也可以是指令你欽佩、急欲仿效的對象，他們無論在經驗和專長方面，還是在知識和技能等方面都比你勝出一籌。因此，他們一般都是業界的領頭者，或者是領導者。

香港某雜誌曾經針對香港的上班族做過一份調查，結果顯示：在所有受訪者中，有 70％ 的人表示有被貴人提拔的經歷。而且，年齡越大的人曾受提拔的比例越高，尤其是 50 歲以上的受訪者，幾乎每個人都曾經遇到過貴人。

該雜誌同時指出，一般情況下，遇到貴人的黃金階段大都集中在 20 ～ 30 歲這段時間，這是一個人一生事業的關鍵期。

這份報告充分證明，有貴人相助的確對事業有幫助。受訪者中，凡是做到中、高階以上的主管，有 90％ 都受過栽培；至於做到總經理的，有 80％ 遇到過貴人；自行創業當老闆的，竟然 100％ 全部都曾被人提拔過。

不論從事哪一種行業，「老馬帶路」向來是傳統的成功捷徑，這些例子在體育界、演藝界、政界則頗多。

　　體育界的人披掛上陣的時間比較有限，常常年紀不大就退下陣來，在幕後做些運籌帷幄的工作，同時也負責調教後起之輩。日本相撲選手的新人向來被指派為老手服務，為師傅服務的目的就是想透過前輩來提升自己。

　　已故大指揮家伯恩斯坦（Leonard Bernstein），就是從紐約愛樂交響樂團助理指揮的位置做起的。他因受到栽培而聲名大噪，直到他接掌樂團指揮之後，將助理指揮的職位專門用作造就人才。後來，紐約愛樂交響樂團果真培養出一批明星指揮家，如小澤征爾、阿巴多（Claudio Abbado）、湯瑪斯（Michael Tilson Thomas）、華爾特（Bruno Walter）等。

　　貴人相助對晉升有很重要的作用，但要想被貴人「相中」，首要條件還是在於自己究竟有沒有實力。俗話說，師父領進門，修行在個人。如果你一無所長，僥倖得到一個不錯的位置，但肯定後面會有一堆人等著看你的笑話。畢竟，千里馬的表現好壞與否，代表著伯樂識人的能力。找一個扶不起的阿斗，這對貴人的識人能力的確是一大諷刺。

　　良好的「伯樂與千里馬」關係，最好是建立在雙方各取所需、各得其利的基礎上。這絕不是鼓勵唯利是圖，而是強調雙方以誠相待的態度，既然你有恩於我，他日我必投桃報李。人際管理專家曾經舉出千里馬與伯樂之間微妙的關係，往往是「愛恨交加」，又期待又怕受傷害。

　　請你對著鏡子凝視片刻，沉思一下自己在公司處於怎樣的

位置，在周圍環境處於怎樣的位置，在整個社會中又處於怎樣的位置……

　　一些同時走進職場的年輕人，在開始工作初期，他們基本上站在同一起跑線上。但是，幾年之後，他們在職務上就拉開了距離。有的人在進步時，會非常依賴上司的幫助和提攜。晉升得慢的人，也往往對自己的上司流露出一種哀怨的情緒。所以，選準上司對職場人士的發展是十分重要的。以下幾種類型的上司供不同目的的人來選擇。

　　第一種是年輕有為，才華學識都在平常人之上，在前程上被人普遍看好的上司。這些人積極上進，對團體榮譽看得很重。跟著這種上司，除了過累，可能也得不到個人利益，但是，一旦他們被提升，不僅會空出位置給你，而且還有利於你今後的進步。一方面，他日益增大的權力更有利於對你的提攜；另一方面，他積極奮進的鬥志和由此帶來的成功必然刺激你的上進心。對於一些想奔向遠大前程的人，必須尋找這樣的上司來幫助自己。

　　第二種是資歷深遠、德高望重的上司。這些人曾經有過輝煌的歷史，也不乏才能和經驗。但是，因為種種原因，他們在仕途上進入了停滯期，儘管樣樣工作做得不在人下，終歸是晉升無望。他們的權威性和成熟的人際關係可以保證下屬在工作中比較順利，在物質利益方面也能為下屬帶來許多好處；而且你能從他們那裡學到很多經驗性的東西。可是，如果你想高人

一等，必須等到他們退休以後。因為他們不能被提拔，也就沒有留給你的位置。

　　第三種是喜歡清靜無為的上司，他們才學一般，任職的不是重要部門，承擔的業務力量不是很重。他們對名利看得很淡，對自己的提拔考慮得不是太多，對下屬的要求也就不怎麼太嚴，甚至對部門的過錯也抱持睜一隻眼、閉一隻眼的態度。你跟著他們，唯一的好處就是不過累，沒有任何壓力和負擔。但是，除此以外，你也不會輕易得到其他東西。

　　還有一種是道德品格和業務能力確實不好的人。他之所以能成為這個部門的上司，是因為他的上級一時看走眼或暫時還找不出合適的人來代替他。如果你是一個願冒風險的人，可以選擇這樣的人做你的上司，一旦時機成熟，你便可以取而代之。

弱將手下也能出強兵

　　常言道：虎父無犬子，強將手下無弱兵。人人都想在職場上找一個「強將」，但現實往往不是那麼美好。追隨一個平庸的上司，並且還必須為他效勞，這確實是件無趣的事，不僅學不到半點東西，同時徒然浪費了寶貴的光陰。然而，對於平庸的下屬來說，在能力強、管理有方的上司手下工作，能使自己的能力有較快的提升；但對於能力強的下屬來說，在平庸的上司手下工作就更能春風得意的表現自己，而如果在能力強的上

司手下工作，就不容易發揮出自己的才幹。

諸葛亮和「阿斗」劉禪的關係就可以用來說明弱將手下有時更能出強兵。劉禪在歷史上是個典型的平庸型上司，基本上不懂得治國方略，完全依賴諸葛亮出謀定計；而諸葛亮的確是一代英才，上通天文下曉地理，對治國安邦、指揮作戰、發展經濟都很有一套辦法。諸葛亮的才能之所以發揮得如此淋漓盡致，與他所處的寬鬆環境和遇到兩位能力平平的君主有很大的關係。假如諸葛亮在曹操手下做幕僚，曹操是不會把軍政大權讓他「一把抓」的，諸葛亮的光輝形象恐怕也會大打折扣了。

由此可以看出，在平庸的上司手下工作，關鍵在於自己是否有能力、有水準，只要處理好和上司的關係，你照樣能獲得成功。

一般來說，在一個團體中，能力強者應為上司，能力差者應做下屬。可是，有時候的情況卻偏偏不是這樣，能力最強的卻有可能做了下屬，能力最差的很有可能當上上司。

有人說孫悟空是一個好員工，這的確有幾分道理。在《西遊記》中，能力最差的唐僧當了師父，而能力最強的孫悟空卻做了徒弟。儘管《西遊記》是文學作品，但不可否認藝術是反映現實生活的。

不但如此，由於唐僧這個上司「人妖顛倒、是非混淆」，糊塗固執，還亂唸「緊箍咒」使孫悟空大吃苦頭。這種情況也反映了某些生活現實：越是無能的上司越對有才幹的下屬進行打擊。

179

儘管孫悟空能耐很大，但他卻不能一個跟頭到西天，把經取回來，這是因為他不是皇上親封的取經人，「名不正，言不順」，他只能在唐僧的帶領下去西天取經。這就是說，一個才幹超過上司的人，也還是要在上司指揮下去工作。

當然，他們師徒同舟共濟、克服種種困難，這也是取經成功不可或缺的條件。從多方面來看，沒有多少才能的上司也有他的優點；有才幹的下屬，像孫悟空那樣為上司服務、大顯身手，這都是成功不可缺少的。

識英雄於難時

並不是所有的「貴人」都身居要位、身分顯赫、炙手可熱的。事實上，在尋找「貴人」時我們也應該平視或俯視。

識英雄於難時，這的確需要一定的眼力。如果你認為對方是個落難英雄，就應及時結納、多多互動；或者乘機進以忠告，指出其所有的缺失，勉勵其改過行善。如果自己有能力，更應給予其適當的協助，甚至施予物質上的救濟。而物質上的救濟，不要等他開口，應隨時獲得主動。有時對方很急著要，又不肯對你明言，或故意表示無此急需。你如得知情形，更應盡力幫忙，並且不能有絲毫得意的樣子，一面使他感覺受之有愧，一面又使他有知己之感。寸金之遇，一飯之恩，可以使他終生銘記。日後如有所需，他必奮身圖報。即使你無所需，他

一朝否極泰來,也絕不會忘了你這個知己。

春秋戰國的呂不韋,本來是一個大商賈的兒子,他不繼承父親的商業成就,卻經營起識人這個「業務」,終於輔助落難太子楚登上皇位,由此成為一代顯貴。

某大型船廠的副廠長,因為揭露廠長的經濟問題而被廠長羅列一些莫須有的問題,被停職審查達一年多。在此期間,先前趨炎附勢、笑臉相迎的各類中、低階主管一個個都躲避他,生怕沾上他的晦氣。只有一位副主任小劉,常拎一瓶酒去看望他,陪他喝酒聊天,為副廠長的遭遇鳴不平,這令副廠長極為感動。

一年後,廠長東窗事發,身陷囹圄,副廠長官復原職。頓時門庭若市,廠裡各主管紛紛拎著大包小包來祝賀,唯獨小劉仍是拎一瓶酒。但這瓶酒,卻只有副廠長能拎出分量。

副廠長官復原職後不久升任廠長。幾個月後,默默無聞的小劉連連晉升,成為負責生產的副廠長。

其實,英雄落難、壯士潦倒,這都是極常見的事。但我們要牢記:能人志士終會一飛沖天、一鳴驚人。

識英雄於微時

相對於由盛而衰式的落難英雄,發現潛藏的英雄就更難了。識英雄於微時,就是要在英雄還沒有發跡時去欣賞他、幫助他。如果在他已成為英雄後去奉承他,那麼他會因你的趨炎

附勢而討厭你。下面的例子會為我們帶來一些啟示。

隋末，有位叫楊素的大臣，終日和成群歌妓宴飲享樂、不理國事。一日，一位岸然魁偉的年輕人求見楊素，因沒有特殊之處，被楊素打發走了。但站在楊素後面的手拿紅拂的女子，覺得這個年輕人不凡，於是便連夜投奔年輕人，幫助他，演繹出一齣千百年來膾炙人口的「紅拂夜奔」的故事。後來，這位叫李靖的年輕人因幫助李世民建立唐朝而成就了自己的偉業。

類似於紅拂女的這種慧眼識英雄的投資，好比現在人們投資於房地產一樣。有些人，在沒有人注意的時候，大量收購荒地，然後在附近修公路，蓋上娛樂中心、購物場所等設施，於是，原來的荒地便因附近環境的改變而身價倍增。這種獨具慧眼的投資，比起那種「貴買貴賣」的投資，有天壤之別。雪中送炭絕不同於錦上添花，我們只有在困難時幫助人、關心人，才會真正被他人銘記在心；但如果在人得志、發跡時才去關心他，卻不免有拍馬屁之嫌了。慧眼識英雄於微時，只有在「微時」才能很好的判別他是否是英雄的料子；也只有在「微時」識「英雄」，才能發揮出最佳的激勵和鼓勵作用，使他走出逆境、戰勝困難，成為名副其實的英雄。

劉邦，原是一個農民，當過小官，只因他有進取學習的精神和被人賞識的機會，才成為中國歷史上第一個農民皇帝。

劉邦那個富有的岳父呂公，是第一個欣賞他的人，呂公因

逃避仇人來到沛地，遇上了有義氣、很豪放的劉邦，覺得他是可造就的人才，於是，便不顧夫人的極力反對，將自己的女兒呂稚嫁給劉邦。事實證明，呂公的眼光很準確。

另一個改造劉邦的人，便是有識之士蕭何。當劉邦還是小官吏時，蕭何便發覺他獨特的氣質 —— 內心仁厚，慷慨好施，這是天生領袖人才必須具有的。蕭何不顧劉邦不學無術、口出狂言、羞辱別人的缺點，安排他當亭長，發揮他的長處，幫助他，改造他。當劉邦因沒把犯人押解到指定地方而遇到困難時，蕭何便提供一些軍餉來接濟他。蕭何還編造了許多有利於劉邦的神話，將平凡的劉邦宣傳成一個順應上天而當天子的人。

在另一方面，蕭何又幫劉邦廣攬天下英才。如棄暗投明的韓信，由誤會到深得劉邦信賴重用，完全是蕭何全力保舉的，正是因為得到了蕭何的鼎力相助，劉邦才能得到天下。

蕭何之所以特別欣賞劉邦，除了他有著領袖的條件和胸襟外，還有其他的許多優點，如他有自主精神，不因娶了一千金小姐而投靠岳父；當他落難山林，也不擾亂平民，具有極強的忍耐力；在他不得志時，受盡兄嫂白眼而委曲求全；在得到蕭何幫助後，他能改過自新，追求上進，而且還能知人善任。

蕭何具有卓越的眼光，既幫助別人成功了，也成就了自己的事業。同理，我們如果要想獲得極大的利益，就應該懂得現在就開始進行人力的投資。

精於揣度主管意圖

　　職場上，一個人如果光開車不看路，只會自顧自的工作，而不注意觀察周圍的形式，用不了多久就會翻車。所有能成事的下屬都精於揣度上司的意圖。

　　唐朝時，唐高宗以王皇后無子而武昭儀（則天）有子，欲行廢立。問計於群臣，褚遂良力諫：「王皇后為世家之女，是先帝為陛下所娶，先帝臨崩，執陛下手謂臣：『朕佳兒佳婦，今以會卿。』此陛下所聞，言猶在耳，皇后未聞有過，豈可輕廢！陛下必欲易皇后，伏請妙擇天下令族，何必武氏？武氏經事先帝，眾所俱知，天下耳目，安可蔽也。」韓瑗、來濟亦上表力陳，高宗不聽。不久又問司空李勣，李是個乖巧之人，他心想此時越位擅言，恐有殺身之禍，廢立成功與否，與性命攸關：同意廢，如廢不成功，豈不得罪王皇后；不同意廢，如武氏當成皇后，自己豈不自投羅網？權衡再三，李勣來個思不出位之策，說：「此陛下家事，何必更問外人？」高宗便決定廢皇后王氏和淑妃蕭氏，詔立武則天為皇后。武氏冊立後，便用許敬宗打擊不同意擁立自己的大臣，長孫無忌、褚遂良、韓瑗、于志寧等皆遭貶謫誅殺，李勣因應付得體，沒受牽連，反而被任命為審理長孫無忌等人的職事，不僅逃過了一場災禍，還繼續得到重用。

　　揣度主管謀略，多有投機取巧、八面玲瓏、事事看上司眼色行事、不問是非曲直之嫌；但不這樣做，又多會為自己招致

犯上之禍，歷史上有許多例子為我們提供了前車之鑑。

漢初陳平就非常善於揣測上意，並因此受到重用。

漢朝初期，漢高祖劉邦派樊噲以相國名義帶兵去平定謀反的燕王盧綰。發兵之後，有人揭發樊噲在劉邦生病時，與呂后勾結，等劉邦一死，就要把戚夫人一家殺絕。劉邦很生氣，就派陳平騎馬去傳達命令，讓周勃代樊噲指揮軍隊，並立即在軍中把樊噲斬首。

陳平、周勃奉命出發。在路上，陳平私對周勃說：「樊噲是主上的故交，且是至戚。平楚之功，他也最大，不知主上聽了何人讒言，忽有此舉，一旦主人氣消，或許後悔。兼有呂后從旁搬弄，難免歸罪你我二人。以我之見，你我不如拿住樊噲，綁赴朝廷，或殺或免，聽憑皇上自己處置。」周勃道：「我是一介武夫，君是智謀之士，連張良也服你。你說怎麼辦就怎麼辦吧。」

陳周二人來至樊噲軍中，命人築起一臺，宣樊噲接旨。樊噲並無多慮，獨自趕來接詔。不料，臺後突然轉出大將周勃，喝令將樊噲拿下，釘入囚車，樊噲正要喧鬧，陳平忙走至樊噲身邊耳語幾句，樊噲方始無言，任陳平押返京師。

行至中途，漢帝劉邦便已病故。陳平暗自慶幸先前未斬樊噲，否則不好向呂后交代。原來，當時的西漢中央政權內部權爭激烈，以皇后呂雉為代表的外戚呂氏，力圖取代開國老臣，控制軍政大權。漢高祖劉邦年老多病，將不久於世。在此情況下，有心人首先要考慮如何在這樣複雜的環境中存在下來，然

185

後才能談到其他方面。陳平之所以不殺呂后的妹夫樊噲，便是基於這樣的考慮。

陳平押解囚車，一路直奔長安。還在途中，就遇使者傳詔，命他與灌嬰一同屯戍滎陽。陳平想到樊噲的事尚未來得及辯白，再遠離朝廷，自然凶多吉少。於是，他心生一計，讓囚車照常行進，自己則先策馬星夜飛馳長安。

那時漢帝棺木尚未安葬，陳平一至宮中，伏在靈前且哭且拜，幾乎暈了過去。果然不出陳平所料，呂后一見陳平來到，急從幃中走出，怒詢樊噲下落。陳平暗自得意，表面上卻邊拭淚邊答道：「臣知樊侯本有大功，不敢加刑，僅將樊侯押解來都，聽候主上親裁。不料臣已來遲一步，主上駕崩，臣不能臨終一見主上，真可悲也。」呂后一聽陳平未斬樊噲，心中一喜，即將怒容收起，又見陳平涕淚交流，忠君情義溢於言表，頓生哀憐之心，便說道：「君沿途辛苦，回家休息吧！」陳平覆道：「現值宮中大喪，臣願留充宿衛。」呂太后道：「君須擔任大政，守衛之事，令眾武士足矣。」陳平聽了，又頓首固請道：「新立儲君，國事未定，臣受先帝厚恩，理應不離儲君左右，事無巨細，臣須目睹儲君飲食興居等事，方始放心。」

呂后聽他口口聲聲念嗣君，既感他未斬樊噲之恩，又喜他忠於兒子之意，於是不絕於口的溫諭嘉獎道：「忠誠如君，舉世罕有，現在嗣主年少，處處需人指導，先帝臨終，曾言君才可用，敢煩君為郎中令，傅相嗣主，使我釋憂。」陳平一再叩道

謝恩，於是沒有回家，而去隨伴惠帝去了。

陳平因位處統治集團的中心，當然消息靈通，便著意防範政敵構陷。因此，呂嬃雖屢進讒言，都未能加害陳平。

善於排解主管的隱憂

一提到怎樣和主管相處，很多人一下子就想到拍馬屁。誠然，拍馬屁是某些人獲得主管信任的常用手段，但一般人們都不願做這種趨炎附勢的違心之事。而能成事的人大多採用反其道而行之的辦法，即雖是奉迎，但又不易被人察覺的辦法——即為主管排解隱憂。

乾隆在五次南巡之後，雖經眾大臣以「皇上南巡勞民傷財」，「各省督撫趁隨皇上出巡，勒索屬員，百姓疲憊不堪」等理由勸阻，他還是一意孤行的開始進行第六次南巡的準備。就在這時，遠在揚州的兩淮鹽政汪如龍收到了和珅的快馬傳信，和珅隨信寄去了「香妃」的畫像，告訴汪如龍可以按圖畫中的樣子為皇上找尋一美女，如若辦成這件事，定會有好處。原來，乾隆後宮中原有一名貴妃，深得乾隆喜愛，被封為容妃，因她不僅天生麗質，美貌絕倫，而且天生體內有異香，所以人稱「香妃」。容妃原是穆罕默德後裔，當年回疆的和卓一部向清廷稱臣納貢，向乾隆進獻美女，容妃就是回疆進獻來的美女。後來回疆突變，大小的卓部起兵叛亂。乾隆派出大軍鎮

壓，雖然這些事情起初都瞞著容妃，後來還是被她知道了，當下遷怒乾隆，怪罪起皇上來。乾隆也因她是叛邦之女，不好厚施恩寵，心中儘管不捨，可還是不得不日漸疏遠，在中南海的瀛臺之南建造了一座樓，名為寶月樓，並親筆撰寫了〈寶月樓記〉。記中寫道：「樓之義無窮，獨名之曰寶月者，池與月適當其前，抑有肖乎廣寒之庭也。」將寶月樓比做月宮，那樓中的容妃，豈不就是幽居廣寒宮的嫦娥了嗎？不捨之情，人人可見。和珅正是感覺到了這一點，才命汪如龍尋遍江南，一定要找出一個形容酷似容妃的女子，以解皇上的憂煩。

這則消息對汪如龍來說，不啻天降福星，他一直欲尋找點什麼來取悅皇上歡心，卻一直未得其門而入，正苦於無計可施，和珅祕信的到來無異於為他打開了通往財富和權力之路的大門。乾隆南巡駕臨揚州，果然對汪如龍找到的這個女子非常珍愛，從她那裡，年邁的乾隆回想起已飄零遠逝的青春，感到很久未有的溫暖和幸福。汪如龍因進獻有功被乾隆大加讚賞，官職立刻得到擢升。而和珅自己也從中得到了不少好處：汪如龍因這個消息送給和珅 20 萬兩白銀，乾隆對和珅也陡然平添了知己之感，更加信任和珅。

每個人有每個人的隱私，因此每個人也有每個人的苦衷。主管也一樣，也有不可與人言的問題，作為下屬，如果你能及時掌握主管的隱憂，並及時而妥善的幫他處理好，應該說不次

於救駕之功。因此，歷史上有很多勞苦功高的救駕功臣往往比
不上鞍前馬後的奉迎之輩，原因就在這裡。

第八章　練就識人的眼力

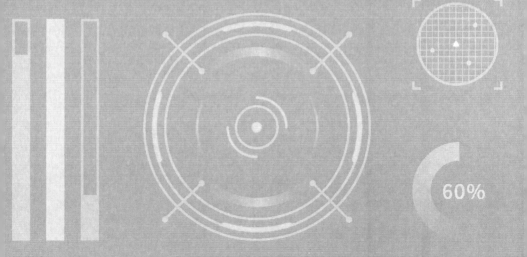

60%

三國時，龐統帶著魯肅和諸葛亮的推薦信去投靠劉備，但去後他並沒有把信先拿出來。劉備不了解龐統的才能，就把他派到陽當縣任縣令。

龐統到任後，不理政事，終日飲酒作樂。有人將這個情況告訴劉備，劉備就派張飛去察看。張飛去後，發現情況的確如此，就責備龐統說：「你終日大醉，怎麼會不耽誤政事呢？」

龐統讓下面的人把所積公務都拿來，不到半日便批斷完畢，而且曲直分明、毫無差錯。

張飛大驚，回去向劉備詳細的說明了龐統的才能。這時，龐統才將推薦信交上。信中，魯肅稱讚龐統不是只能管理小縣的人才，建議劉備重用；諸葛亮也稱龐統是「大賢處小任，以酒糊塗。」劉備這才認知到龐統確是個有傑出才能的人，便委以重任，作為諸葛亮的副手，共同參與軍機大事。

識人要有章法

一個人的能力總是有限的，很多時候我們都需要借用別人的力量。不了解一個人就不能善用一個人，這句話對任何一個企業領導者而言，都是真理！唯其如此，才能力戒盲目用人。

怎樣才能識人？其先決條件在於要能公正無私、一視同仁，領導者必須具備如此胸襟方能發掘真正人才。人才猶如冰山，浮於水面者僅 20%，而沉於水底者達 80%。

歸納識人之難的原因，首先是客觀障礙。

· 人不能以科學方法分析試驗，所謂「知人知面不知心」。外有所感於物雖同，內有所觸於心則異；人之表裡未必如一，因人心不同，各如其面。

· 人之學行，因時而易；互有長短，隱顯不一；其變化因時因地均各有不同，甚至同一人在同一日情緒亦有所變異，起伏難測，捉摸不定。

其次是知人之難的主觀障礙。

· 好惡愛憎常常囿於個人心理偏見與成見。評價者如果對被評價者一、兩種特質有良好印象時，往往對其所有特質都評價高，反之亦然。因此，憎者唯見其惡，愛者唯見其善。孟子說：「人莫知其子之惡，人莫知其苗之碩。」司馬光也講：「心苟傾焉，則物以其類應之，故喜則不見其所可怒，怒則不見其所可喜；愛則不見其所可惡，惡則不見其所可愛。」故愛憎之間，所宜詳慎。若愛而知其惡，憎而知其善，人可去邪勿疑，任賢勿貳。有時領導者本身缺乏鑑評他人之能力，或師心自用，忌直才、喜奴才，以求鞏固其既得權益，因而埋沒人才。

· 受資歷、聲望、資格等一些現實問題的限制，人才極易被埋沒。我們若一旦誤奸為忠、誤惡為善、誤愚智為聰慧，

193

則必誤人誤己，敗事有餘。故欲求知人善任，必先袪除上述障蔽，方能奏其功效。

需要上司知曉的是，每個下屬的個性都有差異，這是因其所處環境、不同的經歷、所受的學識等方面的影響形成的。具體講，決定個性的因素甚多，包括出身、背景、環境、習慣、交友、階層、職業、生理、動機、願望等。企業領導者要想清楚下層的個性，就必須客觀了解對方體型、容貌、身世、品德、性格、修養、智慧等情況，並加以深切體察，設身處地的了解對方，做出一個合乎情理的評價，絕對不可先入為主、臆斷行事。

當今企業都極重視人才的選拔和任用，把選用人才、識人善用作為主管工作的基本任務之一。主要員工的選用是否得當，已成為企業經營好壞和能否獲得成就的重要保證，比如美國有的大企業董事長、總經理等領導者，現在他們一般要花40％或更多的時間在選人用人的各種工作上。那麼，如何才能識人呢？要做到「識人」可先從了解其特長開始。

要識人，則首先要勤於去了解，要捨得花時間認真考察。人們可能不禁要問：日本企業員工一般也是採用終身制、「鐵飯碗」，怎麼他們的管理人員積極性都很高？其實事實也不一定完全如此，但有一點值得我們的重視：企業對員工、尤其是對管理人員的考察、挑選是非常嚴格的。舉個例子說，有一家工廠打算

挑選一名工廠主任，工廠的主管需要先後與 20 多名大學畢業的候選人談話，反覆考察、測評、比較選擇又分配他們去科技科、供銷科以及第一線試用，再一步觀察，認為合格後才確定聘任。雖然日本企業實行了「鐵飯碗」，但是他們對員工的嚴格考核及升遷也就成為激勵人才和鼓勵積極性的一種重要槓桿。美籍華人吳家瑋教授被聘為美國加州州立大學的校長，他也是經過嚴格考核，要填寫十分詳細的表格供評選委員會審查、判斷，還要經過殘酷的口試接受篩選，同時校方還會到他原來的工作單位進行深入的調查和了解情況。最後，他要經過約 30 位委員會的委員及董事面對面的質詢、聽證……而且一次比一次嚴格，可見要了解、考察一個人是需要十分慎重和下工夫的。

　　勤於考察，還要善於見微知著。當加州大學對來應聘的校長候選人挑選僅剩最後四人時，特發出邀請，把四位候選人連同他們的夫人一起接到學校住幾天，再進一步的透過實際生活加以觀察。他們認為，假如校長的夫人品格不高，校長的工作實際上將會受到很大的影響，以此為標準，他們又淘汰了一名候選人。日本住友銀行在招考幹部時，其總裁曾出過這樣一個試題：「當本行與國家利益發生衝突時，你認為應如何處理？」許多人的回答是為住友銀行的利益著想。總裁認為「僅僅及格，不足錄用」。有一個人這樣回答：「對於國家利益和住友利益不能兼顧的事，住友絕不染指。」總裁的評語是「卓有見識，加以錄用。」這件事對我們應如何知人有很大的啟發作用。

▶▶ 第八章　練就識人的眼力

　　諸葛亮就十分強調為人主者必須善於識人。他認為：美惡懸殊，情貌不一。有溫良而偽詐者，有外勇而內怯者，有盡力而不忠者……這就是說，有的真善美從人們一般的表現上都能看得出來。有的人看似善良而實際狡詐；有的人外表謙恭而內心虛假；有的人給人印象勇不可擋，實則臨事而懼，怯懦得很；有的人處境順利時可以盡力，而遇到逆境、環境變化時不能忠於事業和信仰。因此，他提出領導者應該親自觀察自己的下屬，以知其意志、應變、知識、勇敢、性格、廉德、信用，而絕不可憑感情和印象用人。這一識人方法對於領導者在識人上有很大的幫助。

　　領導者要識人，就要心底坦蕩、眼光寬廣，不能一隻眼睛看人，更不能帶著有色眼鏡看人，要反對那種論親疏、看資格、視順逆先入的觀點，應從多管道、多層次、多視角的了解和考察人才。資格反映了一個人做過哪些工作、獲得過什麼成就，這是有參考價值的，但卻不能只看這個，因為資格反映的是過去，並不反映現在和將來。只看這些極易壓制一大批確有真才實學、卻無任何「資格」的年輕人，至於論親疏、視順逆，則是歷史上一切腐朽沒落的統治者的選人伎倆。在選人問題上，要知人知心、選人唯賢、大公無私、不以個人感情論事。

　　「人是公司最好的產品」的說法來自於日本著名企業家松下幸之助，他可稱為第一個看透人才價值的人。一般產品，對於

廠家來說不過是用來換取金錢，而人這種特殊商品對於公司來說，除了創造價值之外，還能夠激發出企業團結合作的強大潛能。所以有人說，愚蠢的商人花錢，聰明的商人用人。

因此，在職場中，無論是作為同事或者是下屬，都要具有一雙識人的眼睛，看清自己生存奮鬥的環境，趨利而避害，擺好自己的位置，這樣才能夠自如面對人生的風雨，做一個成功人士。

俗話說「真人不露相」，這是因為那些有真才實學的人，一般信奉「達則兼濟天下，窮則獨善其身」的主張，他們不願在人前賣弄斯文，而是將滿腹經綸化為謹慎謙恭。相反，那些人前顯聖、恃才放蕩者，往往不一定就是真正的人才。

凡是要考察一個人，當他仕途順利時就要看他所尊敬的是什麼人，當他顯貴時就看他所任用的是什麼人，當他富有時就看他所養的是什麼人，聽了他的言論就看他怎麼做，當他空閒時就看他的愛好是什麼，當和他熟悉了之後就看他的言語是否端正，當他失意時就看他是否有所不受，當他貧賤時就看他是否有所不為。要使他喜歡以考驗他是否能不失常態，使他快樂以考驗他是否放縱，使他發怒以考驗他是否能夠自我約束，使他恐懼以考驗他是否不變而能夠自持，使他悲哀以考驗他是否能夠自制，使他團結時是否能夠堅韌等等。在職場中，領導者的一雙慧眼可使人才聚於麾下，無往而不勝。

197

▶▶ 第八章　練就識人的眼力

　　對一個人了解越深刻，運用起來就越得當。第一次世界大戰結束後，在法國軍事學院學習的戴高樂上尉就預見到「下一次戰爭將是戰車戰」。他在 1934 年出版的兩本書中，又明確的提出精良的裝甲部隊將是未來戰場上決定勝負的主要突擊力量。當時，法國統帥部對此不予理睬，而德國將軍們卻很重視，德國裝甲兵總監兼陸軍參謀長的古德里安（Heinz Wilhelm Guderian）等人根據書中提出的見解，創建了三個師的戰車部隊。在第二次世界大戰開始後不久的 1940 年 5 月，他們便運用戰車軍團攻擊法國，法國只支撐一個半月就俯首結城下之盟。為此，法國人痛心的說：「德國人贏得勝利，只花了 15 法郎（指戴高樂那兩本書的代價）」。

　　好的人才一出現，就會被目光敏銳者發現。一個人的價值不可能全憑相貌或年齡來判斷，而應該視才能而定。人才大致可分為大器、中器、小器三種。大器之人，即使工作繁重，也毫無怨言，不會拘泥在小事上。該做的事一定全力以赴，對於沒有價值的事也不會耿耿於懷；該說話時就抒發己見；不該說話時就保持沉默，能適時的進退。這種人將來成功是可以預知的，他已具備了領導者的才華。中器之人，平時態度大方，可是一旦面臨抉擇，就會左右搖擺、舉棋不定。小器之人，為人處世多以自己為中心，遇有不順心的事就大發牢騷，甚至譴責他人，聽不見別人的忠告，最終也只會失去別人的信任與幫助，只剩孤芳自賞了。

在這裡，不能不提到菁英。所謂的菁英人物，一般都具有如下的特點。

· 他們是胸懷天下的豪傑人物，不但胸懷奇謀、智慧超群，更可貴的是他們有勇於行動的勇氣和策略，能夠機敏靈活的應對各種突變，而不會驚慌失措。

· 他們具有新穎的見解，這主要表現在創新、探索上；這也是可貴的創造性特質。現代企業將會把勇於並善於提出新見解的人，看得比僅有勤奮品格的人更重要。

· 他們還具有挑戰精神，不怕挫折和失敗，明確自己的目標和意願，頑強的奮爭，去爭取目標的實現。他們有強烈的主體意識和主人翁態度，不安於在指令下做一些無須承擔風險和責任的工作，強調自己要有獨立思考能力，不怕孤軍作戰，要能獨當一面，並有總攬全局的設想。

如果你的老闆是菁英，你絕不可滿足於唯命是從、形影不離。碰到這種老闆，你一定要虛心學習他的長處，提高自己的才能。如果你的同事是菁英，而你們又志同道合，你們就大可聯手創造一番轟轟烈烈的事業；如果你們的見解不一致，則可各施所長，在各自的領域一爭高下。

領導者有了菁英人才作為部下，就要虛心的接納他，給他有益的資助與肯定。這種做法在會計學上稱之為「投資」，到時候一定是有利潤的。

中正平和最為可貴

考察一個人的心性品格，必須先考察他是否具有平淡沖和的修養，再考察他的聰明才智到底如何。

人的素養以中正平和最為可貴。中正平和就是平淡無味，這樣才能依照事物的客觀規律來變化。中正平和的人，通常特質是平淡沖和、內智外明、盤勁骨強、聲清色悅、儀正容直。聰明是陰陽兩氣協調結合的精華之氣，陰陽清純中和則人就內心睿智、外表明達。聖人往往內懷淳樸、外現聰明，兼有中和與聰明兩種美德，既能細膩入微，又能達觀顯揚。

喜怒哀樂存在心裡不表現出來，叫做「中」；表現出來分寸適度，叫做「和」。「中和」的表現就是平淡無味，它是萬物的至理、天下的大道。白水平淡無味，因此能調和包含百味；頭腦清醒若空空無物，因此能容納新的觀點、聽取正確的意見。具有「中和」特質的人，心性平和沖淡，為人處事穩重沉渾、不聲不響，同時又讓人信賴，有王者風範而無霸氣。具備這樣特質的人就是優秀的領導者人才。

在日常生活中，聰明有才的人很多，中和平淡的人卻很少。「中和」之人並非沒有個性，而是因為能充分掌握一個尺度——什麼時候順情理，什麼時候順事理，該理智時理智，該動情時動情，而且發自真情，因而顯得隨和淡遠，為眾人所接受，也因此能得到眾人之助。

　　接下來，讓我們看看聰明的人應具有的特質。聰明的人大致可為分兩種：聰明外向和沉思內秀。

　　聰明外向的人辦事乾脆俐落、迅速果斷，手段嫻熟老辣，絕不拖泥帶水；缺點是較少進行深入細膩周密的思考，憑直覺、經歷和性情辦事的成分稍重，整體來說勇多於謀，深思熟慮較少。這樣辦事，難免有顧及不到之處，也有可能忽略了某些輕微細節而埋下隱患。

　　沉思內秀的人長於思考，謀劃兼顧各個方面，給人行事細密、周全的感覺，做事不像聰明外向的人那樣轟轟烈烈，但能按部就班的把事情推到勝利的檯面上；缺點是機敏果斷不足，缺乏雷厲風行的作風，身手不夠敏捷，可能因過於求穩而喪失機會。

　　兩種人都有勇於進取的能力，前者以勇敢聞名，後者以穩重著稱。做事風格雖不盡相同，但都是獨當一面、辦事穩妥的將才。但他們的氣度終不如「中和」之人博大，因此僅能成為輔佐之才，而難成帝王聖人之大事。

　　識人者不能因為不喜歡他們的直爽或謹慎，而隨便否定他們的優點。但是，這種現象在實際生活中還帶有一定的普遍性，這告誡人們絕對不可掉以輕心而混淆別人的優缺點。

識別在野的遺才

　　不遇到困難，就看不出一個人的心跡；不面對金錢的誘惑，就無法看清義士的節操。唯有滄海橫流，方顯英雄本色。如果沒有一雙慧眼，就無法識英雄於草莽之中。

　　要想知道下屬有何種才能，就要從生活細微中觀察他的各方面才能，然後再根據實際情況加以任用。接下來的小故事能給讀者們一些啟示。

一、危時顯本色

　　西晉的謝安，先前隱居不仕；出山之後，他處世平和，每臨大事都很穩健。淝水之戰時，他指揮若定，當捷報傳來，他仍雙眼盯在棋盤上，一副成竹在胸、寵辱不驚的風度。

　　有一次，孝武帝下令謝安和王坦之到新亭去迎接大司馬桓溫。當時首都流言四起，謠傳大司馬桓溫一來，就要殺王坦之和謝安。因此，王坦之非常害怕，謝安卻一如平常，神色安詳。

　　桓溫到後，文武百官都跪倒向大司馬致意。王坦之嚇得渾身是汗，衣服都濕了，上朝的笏板也拿顛倒了。而謝安則態度從容，坐在自己的位子上，對桓溫說：「我聽說諸侯的責任就是把守國家的邊疆，您何必在屏風後面布置那麼多的士兵呢？」桓溫笑說：「這也是不得已才這麼做的。」於是命令士兵全部退了出去。桓溫與謝安共商國家大計，談得十分投機。

二、授人以權，觀其公正

明朝王翱任吏部尚書，掌握選拔官員的人事大權。他為人廉潔、忠厚，能堅持原則，辦事不徇私，謝絕私事會見。他每次選拔官員時，如果碰巧皇帝召見，便交副職代理，他回來即使再晚，也抽空認真審閱，唯恐選擇不當。女婿賈傑在京附近任職，對妻子發牢騷說：「若翁典銓，移我官京師，反手爾，何來憚煩也。」王翱夫人聽了女兒的訴說，便向他求情，讓女婿調回京師。王翱生性秉直，氣得以手推案，傷及夫人臉部。他女婿最終沒能調回京師。

三、忠義誠實者可大用

自古以來，誠實是做人的第一美德。春秋時晏子出使楚國，楚國人站在城樓上說：「晏子原來是個小矮子呀。」晏子聽見了大聲說：「是呀，晏子是個小矮子。」晏子繼續往前走，楚國人又說：「晏子原來長得醜啊。」晏子聽見又大聲說：「是呀，晏子長得醜。」

這時有人大聲反駁說：「晏子是齊國的賢臣啊，他多次挽救了齊國。」晏子聽見了也大聲說：「是呀，我是齊國的賢臣啊。」

國君知道了這個故事以後評價到，能夠正視自己的缺點，又不避諱自己的優點的人，自古以來，晏子是第一人。於是他更加重用晏子。

這個故事告訴我們，誠實是一個人在世上立足的根本，離開了這個基本點，人生就會偏離它固有的軌道。對於識別下屬來說更是需要如此。

四、識人於用，可以知才能

凡是謀大事、創大業的人，大都很注意發掘和使用人才，如劉備之用諸葛亮、劉邦之用蕭何、秦始皇之用商鞅、李斯等等。用人的方法是：必須發掘對方的優點，容忍他的缺點，使人有被重視的感覺。以這種方法接近對方，逐漸喜歡他，然後活用他的長處。

美國鋼鐵大王卡內基（Andrew Carnegie）曾說：「如果我能看到下屬的長處，並敢用比我強的人，不就證明我比誰都強、我是強者的有效管理者嗎？」一個領導者、一個優秀的管理人員，一定要做真正的「伯樂」，既不能任人唯親，重用歪才；也絕不能苛求全才，而對在某些方面有缺點或弱點的人棄之不用。

五、識破人的面具

古時候，晉人車胤因家貧，晚上不能秉燭讀書，他便收集了螢火蟲夜讀時照亮。他這種刻苦好學的精神被人們傳為佳話。後來也有一個讀書人學著車胤的做法，在鄰里鄉親裡得到了讚揚。有一個本鄉人很敬仰他的行為，一天清早就去拜訪他，但他的家人說他出去了。這位本鄉人感到奇怪，問道：「為

什麼深夜囊螢讀書，而清晨卻到別處去呢？」讀書人的家人說：「沒有別的原因，他是為捉螢火蟲外出的，傍晚就回來了。」本鄉人這才明白，原來大家所仰慕的是這種所謂的「囊螢夜讀」的虛名。假使這個讀書人白天閉門讀書，也許就沒人去拜訪他。

這個故事中的讀書人為了獲得囊螢夜讀的好名聲，不惜將白天的大好時光用來外出捉螢火蟲，真是虛榮得過分。他如此的「刻苦」讀書，其效果是可想而知的，而當人們明白了真相之後，又該怎樣嘲笑他呢？

人們往往在做一件事情時，埋頭踏實的苦幹而別人並不知曉；大肆張揚炫耀，總會博得一些讚揚。但如果為圖虛名而減損了實際的效果，最後就要由於名不副實而落下笑柄，所以對於一位領導者來說，在下屬毫無防備的情況下，探其是否誠實是識別人才的一種行之有效的辦法。

六、識人於誠

在一次求職人員的面試過程中，小 A 剛剛走進面試的房間，主持人貝克先生就突然迎上來緊緊握住小 A 的雙手：「啊，終於找到你了，我的划船技術太差，使女兒掉到湖中，要不是你及時搭救，後果不堪設想。真抱歉，當時我只顧女兒，竟沒有向你道謝。」小 A 竭力抑制住心跳，堅持說貝克先生認錯了人。幾天後，小 A 接到了錄用通知。後來他才知道，貝克先生根本沒有女兒，但卻有 7 個競爭者因這個小測試被淘汰了。貝

克用這樣的方法考驗別人也許太狡猾了，但小 A 的誠實卻因此顯得更為可貴。

七、識人於淡

平淡是一種修養的境界。立身淳厚而不成於淺薄，外表樸實而不崇尚虛華，拋棄浮華而選擇平淡是領導者做人的準則。

三國時期，周瑜是吳國的三軍統帥，他的外表瀟灑而又樸實，程普說：「與周瑜在一起，就像飲醇酒一樣，不知不覺就自然醉了。」君子表面上看起來樸素平淡，不修飾不華麗，不以鮮豔濃麗吸引人，但其含蓄內斂卻給人淡如菊之感。從平淡處識清秀，是一種思想上的別具慧眼，是有內涵的一種象徵。

八、識人於策

北魏世祖拓跋燾將征伐涼州，很多大臣都認為涼州無水草，難於行軍，進諫不同意征戰，伊馛說：「若涼州無水草，何得為國？議者不可用也。」拓跋燾認為他說得對。凡人所居之處，必有水草，沒有水草，人何以活，也就無人居了。既然涼州能建國，必然有水草，這是一般常理。諸臣認為無水草，只是聽傳聞，人言亦言，因而盲目反對，可見他們的智力遠不及伊馛。伊馛既有武勇，又有智計，是一位文武全才的將領，拓跋燾認為他前途遠大。後來，伊馛果然為人忠謹，屢建戰功，以功賜爵魏安侯，加冠將軍之職。

發現有潛質的人才

日行千里的良馬，如果沒有善於駕馭牠的馬大，就會被牽去與驢騾一同拉車；價值千金的玉璧，如果沒有善於鑑別的玉工，就會被混同於荒山亂石之中；人才如果不受他人賞識，就會被埋沒……這充分說明識別人才至關重要。

唐朝詩人楊巨源在〈城東早春〉中寫道：「詩家清景在新春，綠柳才黃半未勻。若待上林花似錦，出門俱是看花人。」明末清初的王相評注道：「此詩屬比喻之體。言宰相求賢助國，識拔賢才當在位微卑賤之中，如初春柳色才黃而未勻也。若待其人功業顯著，則人皆知之，如上林之花，似錦繡燦爛，誰不愛玩而羨慕之？比喻為君相者，當識才於未遇，而拔之於卑賤之時也。」這段評注啟示人們：識才，不僅要看到那些功成名就者，更要注意尋找那些暫時不為人所知，而實則很有才華和發展前途的人。

據《史記·廉頗藺相如列傳》記載：向趙惠文王推薦藺相如的是趙宦者令繆賢。為了使趙王能夠重用藺相如，繆賢公開了一件隱私：「我曾經犯過罪，私下商議想逃到燕國去。我的門客藺相如阻止說：『你怎麼結識燕王的呢？』我就告訴他，我曾經跟隨大王與燕王在邊境上相會，燕王私下握住我的手，對我說：『很願意跟你交個朋友。』因此我想去投奔他。藺相如勸我說：『當時趙國強大而燕國弱小，你又被趙王寵幸，燕王要巴結

趙王，所以想與你結交。現在的情況是你要從趙國逃走投奔燕國，燕國懼怕趙國，必定不敢收留你，說不定還會把你捆綁起來送回原籍。你不如赤身伏在腰斬的刑具上向大王請罪，則僥倖可能免罪。』我聽從了他的話，幸虧大王也赦了我的罪。因此我認為他是個有勇有謀的人。」趙惠文王聽了覺得有道理，於是召見藺相如，隨後演出了千古傳為佳話的「完璧歸趙」的故事。繆賢這種勇當伯樂、舉薦「千里馬」的做法，是值得後人仿效的。

　　第二次世界大戰期間的美國陸軍參謀長喬治‧馬歇爾（George Catlett Marshall）五星上將，亦有類似的經歷：他在 1919 年時還是個上尉，曾被派往某地擔任副官，負責訓練新兵。他的上級哈古德上校寫的一份關於馬歇爾上尉的鑑定報告中，在回答「和平和戰爭時期你願意留他在你的直接指揮下嗎？」的問題時，徑直寫道：「我願意，但我更願意在他手下服役！」並說：「據我判斷，在戰爭時期指揮一個師，能做得像他一樣好的，在陸軍中不超過 5 個人。他應被授予正規陸軍準將頭銜，這件事被延遲一天，都是國家和陸軍的損失……如果我有這種權力，下次準將級中有空額時，我將任命他。」誰能想像得到，這竟是一名上校對他手下的一名上尉的評價，而事後的一系列的事件，又證明了這一評價具有何等超常的遠見卓識！

　　才華鋒芒外露的人如同上林之花，錦繡燦爛，人人讚賞、

人人注目，都欲得而用之，社會上這種對待這類人物的現象被稱為「馬太效應」。

具有潛質的人則有如待琢之玉，似蒙土的黃金，沒有引起世人的重視，沒有得到大眾的認可。若沒有獨具慧眼的人是難以發現他們長處的。千里馬之所以能在窮鄉僻壤、山路泥濘之中，鹽車重載之下被發現，是因為幸遇善於相馬的伯樂。千里馬若不遇伯樂，恐怕要終身困守在槽櫪之中，永不得向世人展示其「日行千里」的風采。許多具有潛質的人都是被「伯樂」相中，為其提供了一個發展成長、施展才華的機會，才獲得成功的。

當你發現下屬中有這類人物時，應立刻善加運用，一刻的猶豫即是損失一刻利益；因妒忌而把他等同於平庸者看待，公司將由此遭受重大的損失而最終走向下坡路。

看穿面具識真相

「人要生存就要有幾副人格面具」。心理學家榮格認為：人格面具在整個人格中的作用既有可能是有利的，也可能是有害的。人格面具與演員戴的面具作用類似，它保證一個人能夠扮演某種性格的角色，而這種性格卻並不一定就是他本人的性格。一個人如果熱衷和沉湎於受人格面具支配，就會逐漸異化於自己的天性。

　　顯然，「人格面具」有抑制自我的作用。

　　對於領導者而言，辨別下屬真假忠心是個難題；對於下屬來說，辨別誰是值得你忠誠的人也是難題。比如，介子推認知到重耳是個只能共患難而不能共富貴的人，便毅然的離開他，這實屬聰明之舉。寧願被他燒死，也比萬一有一天因政見不合，找藉口給你扣頂帽子要好。所以，聰明人也不是見誰都忠誠，那種不值得你忠誠的人就不可久留、趕快走人，找個安全的角落做自己的事，這遠比陪伴那些官僚要自由安全。

　　中國宋代的名相王安石就曾做出過表率。他在變法期間屢受非議，有一個叫李師中的小人乘機寫了篇很長的〈巷議〉，說街頭巷尾都在說新法好、宰相好，為王安石變法提供雪中送炭般的輿論支持。但王安石一眼就看出了〈巷議〉中的偽詐成分，於是開始提防這個姓李的小人。

　　生活中往往有兩面三刀者，他們採取各種欺騙方法，迷惑對方，使其落入陷阱，達到自己的企圖。比如說唐玄宗時的宰相李林甫，他陷害人時並不是一臉凶相、咄咄逼人，而是吹捧，他「口有蜜，腹有劍」。當代也不乏口蜜腹劍者，他們就在我們的周圍。有時，他們看到你直上青雲就會逢迎拍馬屁、專挑好聽的話講；有時，他們看到你事事順心、進展神速，就在背後造謠生事向你的上級進讒言，陷你於不利；有時，欺騙、謊言、圈套從他們頭腦中醞釀成繩子套在你身上，使你翻身落馬；有時，他們看到你墮入困境則幸災樂禍趁機打劫。對於所

有的這一切，每個人都應該有個清醒的認知。

當一句話脫口而出的時候，他就已經把自己的底牌亮給了對方。如果你是一個識人老手，便不難從中看出他的底牌。

第一種人，誇誇其談。這種人侃侃而談，廣闊高遠卻又粗枝大葉，不大理會細節問題，瑣碎小事從不掛在心上。他們的優點是考慮問題宏博廣遠，善從宏觀、整體上掌握事物，大局觀良好，往往在侃侃而談中產生奇思妙想，發前人之所未發，富於創見和啟迪性。而缺點是理論缺乏系統和條理性，論述問題不能細膩深入，由於不拘小節而可能會錯過重要的細節，替後來的災禍埋下隱患。這種人一般也不太謙虛，知識、閱歷、經驗廣博但都不深厚，屬博而不精一類的人。

這種人宜做謀士，不宜獨當一面。諸葛亮不聽劉備的忠告，對「言過其實」的馬謖委以重任，於是有街亭之失，這是要引起領導者注意的。

第二種人，抓住弱點就攻擊對方。這種人言辭鋒利，抓住對方弱點就嚴厲反擊，不給對方迴旋的機會。他們分析問題透澈，看問題往往一針見血，甚至有些尖刻。由於致力於尋找、攻擊對方弱點，有可能忽略了從整體、宏觀上掌握問題的實質與關鍵，甚至捨本逐末，陷入偏執與死胡同中而不能自拔。在識人時，應考慮他們大局觀良好，是難得的精中有細的優秀人才。

這種人宜做外交工作。他們精明強幹、智力過人，但有時流於輕浮，需要引以正道。

第三種人，似乎什麼都懂。這種人知識面寬，隨意漫談也能旁徵博引，各門各類都可指點一二，顯得知識淵博、學問高深。缺點是腦子裡裝的東西太多，系統性差，思想性不夠，一旦面對問題可能抓不住要領。這種人做事，往往能生出幾十個主意，但都打不到重點上。

這種人是雜家，宜做主管，只是要對其加強系統性、條理性培養。

第四種人，說話平緩寬恕。這種人性格宏度優雅，為人寬厚仁慈。缺點是反應不夠敏捷果斷，轉念不快，屬於細心思考，有恪守傳統、思想保守的傾向。他們如能加強果敢之氣，對新生事物持公正而非排斥態度，會變得從容平和，有長者風範。

這種人宜做學問，只是不免流於守舊，宋代的司馬光極力反對新法，但卻是位謙謙君子，他就是這種人的典型代表。

第五種人，華而不實。這種人口齒伶俐，能說會道，口若懸河，滔滔不絕，乍一接觸就很容易讓人留下良好印象，被當作一個知識豐富、又善表達的人才看待。但是，他們經常會將許多時髦理論掛在嘴上，迷惑許多辨識力差、知識不豐富的人。

這種人宜做演員，天生具有表演才能，只是切忌浮躁。

横看成嶺側成峰

　　横看成嶺側成峰，遠近高低各不同。看山如此，看人亦然。觀察人的時候，也應從各個角度進行觀察，不要光看別人的缺點而忽略了他的優點。對於一般人批評的「某某人有什麼缺點」，我們也可以換一個角度來衡量，可能這個眾人公認的缺點反而是他的優點呢！

　　有時候，看人不妨糊塗一點，因為水清澈到了極點就沒有魚可以生存其中了，人過分精明了就沒有人可以交往了；有時候，看人不妨全面一點，因為喜歡一個人而能知道他的缺點、憎惡一個人而能知道他的優點，這種事天底下是很少見的。除此之外，看人不妨實際一點，觀察一個人的外表不如了解其內心，了解其內心不如看其實際表現。

　　一銖一銖的秤東西，這樣秤出的一石與一次秤足的一石必定有出入；一寸一寸的量東西，這樣量出的一丈與一次量足的一丈必定有誤差。看人應該看大端而不應囿於細節，否則，不分事的大小，簡單相論，就只能歪曲人的原貌。

　　有一位陳先生被大家公認愛出風頭。在一次陳先生沒有出席的酒會中，大家在聊起他的時候，就有人說：「他真愛出風頭。」接著，大家就七嘴八舌的舉出例子，證明他確實愛出風頭。不過也有人認為，陳先生一向熱心公益，喜歡幫助別人，所以有人馬上語氣和緩的說：「他是有一點多管閒事，不過，還

是很樂於幫助別人的。」聽了這話之後，同事們立刻轉變了態
度，開始讚揚他的優點，這種態度的一百八十度轉變讓人留下
深刻的印象，使人真正了解了所謂批評別人究竟是怎麼一回事。

人際間的關係就是這樣，以批評的眼光去看別人，越看越
覺得不好；可是，如果換一個角度去衡量，也許就不認為這是
缺點了。「君子之交，貴相知心。」這就是要我們盡量去觀察別
人、發掘別人的長處。

一個人的好壞是由其本質決定的。古人認為少壯時不學無
術，長大必定無能；至老而沒有教人，死時便沒有門人思其言
行；富有而不知施捨，窮困便無人相助……這都是由本質所定
的。是君子就會好學而向善，是小人則總是好逸而惡勞。因
此，能向別人學習並嚴格檢查和要求自己的人，極少不屬於君
子；一切由著自己，有了錯誤總要盡力掩飾的人，極少不屬於
小人。古代的君子要求自己嚴格而且全面，要求別人寬厚並且
簡單。因為要求自己嚴格而全面，所以他們不會懈怠；因為要
求別人寬厚並簡單，所以別人就樂於做好事。

觀察一個人，先考察他所作所為，再觀察他做事的動機，
審度他的心態，這樣他就無法偽裝。人們所犯的過錯分成各種
類型，仔細審查某人所犯的過錯，就可以知道他是什麼類型的
人了。

A化妝公司的宣傳部門主管劉先生，曾在閒聊時講了一則他
的識人經驗。

有一次，一個廣告代理商到他那裡洽談生意，談到與 A 公司對立的 B 化妝品公司，這個代理商或許為了拉廣告，於是把 B 公司的宣傳機密全盤托出。

劉先生聽到這裡，忽然想到：「此人與我並無深交，為什麼會對我洩漏 B 公司的祕密？可想而知，他同樣會把我們公司的機密洩漏給 B 公司。」

劉先生用另一角度思維識破對方的詭計之後，從此再也不信任這個廣告代理商了。

在《韓非子》一書中，對類似的觀察法實例的收錄也極多。

晉國重臣文子，有一次因為被案情牽連，於是匆忙逃命。在慌亂中逃到了京師外的一個小鎮。

跟隨他逃亡的侍從說：「統領此鎮的官吏，曾經出入八大府邸，可視作親信，不如我等先至他家略事休息，待行李到來，再行趕路如何？」

「不可，此人不可信賴。」

「何故？他曾親近的追隨過大人……」

「唔！此人知我喜好音樂，即贈我名琴；知我喜好珍寶，即贈我玉石，像這種不用忠告方式而以寶物博取我歡心的人，如我前去投靠，必被他獻給君王以博歡心無疑。」

於是，文子不敢稍作停留，連行李都不管了，繼續趕路。

文子的看法果然不錯，後來，此官把文子的兩車行李攔截下來，獻給君王邀功。

領導者的人才觀

那些條件差的人是指一些在學歷、技能、年齡、家世等方面相對而言存在劣勢的人，如學歷較低、年齡較大、手慢腦笨、有些公司不願接收的女職員等，條件差者並非指那些做事不努力、工作態度很差的人。

每個企業都有一些條件較差的員工，領導者千萬不能把他們當作累贅，善待他們，把他們放在適當的位置上，他們就可能成為人才，成為企業的財富，更可能成為領導者的「貼心人」。

美國有些大公司已拋棄了「盡可能用最好的人才」的用人原則，奉行「找那些特質不明顯的人，發掘他們的潛能即可」的原則。每個公司都有大量的簡單工種、髒累工作，安排條件差的人去做，他們會全力以赴專心致志的工作，他們具有高昂的士氣和很高的工作效率，不會有自卑感、沮喪感，不會感到自己大材小用，因為他們有「自知之明」，期望值不高。有些企業的領導者願意用這樣的人做裝卸工，這些人往往會感恩戴德的工作，因為這起碼能夠解決他們的就業問題，一個人縱然很有才能，但不願合作、不願做事，那他對上司來說也是毫無價值的。如果領導者足夠聰明的話，就不能小看那些條件差的員工，也許最終能與其同舟共濟、榮辱與共的人正出身於他們之中。

　　如果我們將問題延伸一下，就會得出這樣的結論：企業無疑是需要大批菁英俊傑的，可是僱用太多的高階技術人員、管理人員對企業來說並不見得是好事，因為與他們地位、學識相稱的職位畢竟有限。一旦沒有合適的職位，他們一定會表示不滿，甚至起來造反老闆！因此對領導者來說，資歷深、學歷高的人員對自己也許是一種潛在的威脅，領導者不妨從條件差的員工中培植一些「心腹」。

識人不能想當然

　　古今中外大量識人的歷史顯示，由於人們識人的著眼點不同，他所得到對人的看法也不同。據韓非子在〈顯學〉中記載，有一個叫子羽的人，長著一副君子的容貌，孔子認為他是個人才；還有一個叫做宰予的人，能說會道，孔子也曾認為他是個人才。後來與他們相處的時間久了，才發現子羽的行為與其外表很不相稱，宰予的智力遠不及他的口才。所以孔子感嘆道：以貌取人，在子羽身上造成失誤；以言取人，在宰予身上造成失誤。

　　達爾文在劍橋神學院讀書時，神學成績不佳。很多人認為達爾文貪玩成性，智力遠在普通人之下，是個平庸者，但是植物學教授卻看出達爾文有著特殊的才能。他特別器重達爾文的觀察力和喜歡獨立思考的治學特質，並力保他隨小獵犬號進行環球科學考察，從而使一個「平庸」者成為舉世矚目的科學家。

▶▶ 第八章　練就識人的眼力

　　黑格爾在讀書時也被人視為「平庸少年」，有人畫漫畫奚落他，把他畫成拄著兩個拐杖的小老頭，認為他沒有什麼出息。但是，有人卻很賞識他，他的老師曾在他的畢業證書上寫道「健康狀況不佳，中等身材，不善辭令，沉默寡言，天賦高，判斷力健全，記憶力強，文字通順，作風正派，有時不太用功，神學有成績，雖然嘗試講道不無熱情，但看來不是一名優秀的傳教士，語言知識豐富，哲學上十分努力。」應該說，黑格爾的這位老師是善於識才的。

　　在現實生活中，有的人常常以他們對別人的態度分類，對自己奉迎者，無才也是有才；對自己不奉迎者，有才也是無才。有人將此現象概括為：「說你行，你就行，不行也行；說你不行，你就不行，行也不行。」這樣知人是反映不了真實情況的。

　　舊思想舊觀念的束縛替知人造成了一定的困難，如受論資排輩的思想影響。當選拔年輕人時，就會有人提出問題：「年輕的提拔起來，老的怎麼辦？」最後只能靠「多年媳婦熬成婆」，按照年資一層一層往下排。應當說這種論資排輩的舊觀念是識別和選拔人才中的一種最普遍、最頑固的習慣勢力。只要不排除論資排輩的陳舊觀念的羈絆，新一代人才就不可能出現。

　　有些人習慣以個人的好惡看人。順眼的人就是優秀的人物，什麼事都對其放心，結果卻往往把事情辦糟。存在上述現象的重要原因就是有的領導者和業務部門在看人用人上，摻雜了個人恩怨得失的成分，以己所好為優、以己所惡為劣。

文憑只是一張紙

在激烈的市場競爭大潮中，人才的選拔是現代管理的一項非常重要的課題。究竟以什麼樣的原則作為選才的標準，專家們對此議論不一。許多單位選拔人才時都要用文憑來衡量。在公司、企業內部，想要晉升、提拔，似乎有文憑才有機會。即使是公司重要員工，如果沒有文憑，也將被無情的攔在外面，公司的各種獎勵與升遷的機會將與他失之交臂。同樣，在一些徵才大會上，幾乎每家公司都將文憑的等級清楚的擺在首位，這不禁使人們切身的感到，文憑在人才市場的爭奪戰中已成了通行證。有之者，可以信馬由韁，任意馳騁；缺之者，則如鐵絲束身，毫無辦法。有很多人為了一張文憑不得不在工作之餘，奔波於各類成人教育院校。與此同時，文憑的神奇作用也使各院校競相辦起了在職專班，各種熱門的專業一哄而上，一時之間，渴求文憑的人趨之若鶩。

人們不禁要問：為什麼在選拔人才上，文憑會有如此魔力？問題的關鍵就在於企業中的某些領導者在觀念上片面的強調學歷，誤認為高學歷就一定具備很強的工作能力，學歷與能力成正比，甚至把學歷的高低當作選才用人的唯一尺度，並用它去決定員工的晉升與獎金的發放。顯然，這種選才的認知與做法是片面的，也是錯誤的。

平心而論，有很多人由於種種原因沒能進入高等學府繼續

深造，但是他們經過不懈的努力，在實際工作中艱難探索，自學成才累積了豐富的經驗，其實際能力有的遠比受過高等教育的人要強得多。如果領導者僅憑一張文憑，而不注意人的實際能力選拔人才，那就會大錯特錯，就會把大批有真才實學的人拒之於公司大門之外，甚至會為企業帶來較大損失。

領導者首先應該弄明白文憑與學歷的涵義。實質上，文憑只是表示一個人所受教育的程度。固然，受教育程度越高，理論知識就越有系統，眼界就越開闊，整體素養就越高。而高素養又是一個人成功的基礎，一個受過高等教育的人成功的機會要遠遠高於未曾受過大學教育的人，發展的機會也要多於只受過一般教育的人。企業中的領導者之所以願意使用受過高等教育的員工，是因為他們掌握了系統的專業知識，分析問題、解決問題的能力較強，水準較高，對於領導者能產生相當大的輔助作用。當困難和問題出現時，一個訓練有素的大學畢業生可以運用其所學的專業知識對問題進行系統的分析，並妥善的處理。但未經過專門訓練和不曾步入大學學府的人，他們也能憑藉豐富的實務經驗和自學成才的悟性，去解決一些工作中的難題。這兩者之間，絕不是誰擁有文憑，誰的能力就一定高出許多。

學歷固然重要，但它並不等同於能力。在今天的現實生活中，一些企業的領導者單純的把學歷與能力等同起來，看不出文憑與能力、知識、技能的差異，僅憑一張文憑便把一個人安排到一定的位置上，其效果不見得好。有一名碩士被分配到某

家公司，正逢公司經營不善、虧損嚴重，憑藉學歷和豐富的理論知識，他被公司經理看中委以重任，公司員工也把希望都寄託在這位碩士身上。可過了一段時間，公司經營仍不見起色，人們議論紛紛。其實，他的學歷只代表他接受過某種教育訓練的程度，只表示他在所學專業的理論方面略強一些，而並不能說明他有能力使公司起死回生。由於他缺乏實務經驗，尤其缺乏管理的才能，所以，公司的經營仍不見起色。

有很多剛走出學校大門、具有高學歷的人才，也許在某些特定的專業領域中適合從事理論、科技的研究工作，但不一定適合於實際的操作。如果不按能力的差異、僅憑學歷選拔人才，則難免會出現高學歷、低能力的現象。

相反，很多沒有機會接受高等教育的人，透過自學和艱苦的工作經驗，同樣會成為傑出的人才。

比如說日本「經營之神」松下電器公司的創始人松下幸之助，從 12 歲起就在腳踏車店裡當學徒；世界著名的摩托車大王，被日本人稱為「摩托車之父」的日本本田技研總公司的創始人本田宗一郎，16 歲時就在一家汽車修理廠當學徒；被臺灣稱為「經營之神」、臺灣最大工業企業 —— 台塑集團的董事長王永慶先生，只念了幾年小學，而後就到一家米店工作。他們都沒有接受過正規的高等教育，卻透過自己的實務經驗與自學能力，為社會做出了貢獻，成為傑出的人。本田宗一郎在 1950 年代就曾說過：「文憑又算得了什麼？它頂多像一張電影票，保

證你在電影院裡有個座位」，「我不僅看學歷，更看重真才實學和工作成績」。

日本一些學者在總結本國的人才問題時曾指出：1950 年代，我們用盡一切辦法學習美國的學院式辦學辦法，而實際上我們並沒有培養出所需要的具有很強能力的領導者；與此相反，一些名揚海外的公司如松下、東芝公司，卻出自沒有文憑的日本人之手，從第一線的實踐中培養出傑出的人才。有些美國的企業領導者發現他們培養的一些高學位的員工，在畢業頭 10 年除了頻繁更換自己工作以外，往往眼高手低、自命不凡，出現高分低能的現象。在實際工作中，他們的管理並不成功。如今，歐美國家的企業對選拔人才已不再限於陳舊的觀念，它們堅持推行「能力主義」和「功績制度」，把知識、能力和實際獲得的業績作為選拔人才的標準。美國從卡特時代以來就大力推行「功效＋學識」的雙重功績制，根據能力、知識、技能，全面衡量、決定人才的選拔與提升，認為學歷只是一方面，更強調以功效衡量一個人的本領。

總之，不重視文憑是不對的，因為文憑必然反映一個人所受教育的程度，反映其所學專業知識的深度和廣度，但唯文憑論也是錯誤的，不可簡單的把有文憑的人都當成人才。正確的態度是既看文憑，但又不唯文憑，實事求是，重在分析問題和解決問題的能力。

第九章　辦事也須練眼力

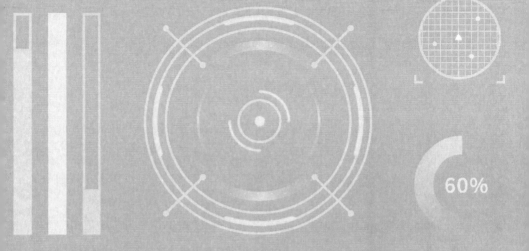

60%

馮諼去薛地替孟嘗君收債，臨行前問孟嘗君：「債收齊了後，買些什麼東西回來呢？」

孟嘗君說：「你看著辦吧，看我家缺什麼就買些什麼回來好了。」

薛城的老百姓見收債的馮諼來了，紛紛前來哀求說年收成不好，望再寬限些時間。馮諼走家串戶，察訪了許多欠債的人家，知道即使再寬限幾年他們也拿不出錢來還債。他十分同情這些貧苦的百姓，就通知大家到廣場集合，把債券拿出來核對。核對完，馮諼假借孟嘗君的名義當眾宣布說：「還不出債的，一概免了。」

老百姓半信半疑，馮諼便將票據、債券歸攏成小山一樣，一把火點著燒了。老百姓看到孟嘗君這樣體恤他們的困難，感動的流著熱淚，跪在地上磕頭，連呼「萬歲」。

事情一辦完，馮諼立刻趕回來，第二天清早就去見孟嘗君。

馮諼這麼快就回來了，孟嘗君感到很奇怪，問：「債都收完了嗎？怎麼回來得這麼快呀？」馮諼說：「收完了。」

「你買些什麼回來了？」孟嘗君又問。

馮諼回答：「您說過，『看我家裡缺什麼就買什麼回來』，我想，您的家中積滿了奇珍異寶，畜欄裡養滿了獵狗駿馬，內室中住滿了美女佳人，您家中缺少的只是『義』，所以我替您買了『義』回來。」

孟嘗君驚愕的問：「買『義』？這是怎麼回事呀？」

　　馮諼不慌不忙的說：「您現在的封邑只有這麼一個小小的薛地，您卻不愛護那裡的百姓，把他們看成自己的子女，反以商人的手段在他們頭上漁利，這怎麼行呢？因此，我擅自假托您的命令，把債款統統賞給了百姓，隨即燒掉了那些券契。老百姓激動的稱呼您為救命恩人。這就是我替你買的『義』啊。」

　　一年後，齊湣王聽信了別人的讒言，將孟嘗君革職。

　　孟嘗君只好回到自己的封邑薛地去安家。這時，他的三千門客大都散了，只剩下馮諼等極少數門客跟隨他去了薛城。當孟嘗君的馬車離薛城還有一百多里路的時候，只見老百姓扶老攜幼，早早的就已經等在路兩旁迎接他了。孟嘗君見到這番情景，紅著眼眶，哽咽著對馮諼說：「先生替我買的『義』，今天我算見到了！」

　　馮諼替孟嘗君辦事，其目光之長遠、手段之精妙，實在令人嘆為觀止。

放眼看世界

　　站得高才能看得遠，一個人如果想要成大事，沒有本事和見識是不行的。成大事之人的一個顯著特點就是目光遠大、心胸開闊，所謂「放眼看世界」指的就是這種胸襟和遠見。一個人如果鼠肚雞腸、掂斤掰兩，莫說成大事不可能，日常生活中的小事就會使他焦頭爛額了。

▶▶ 第九章　辦事也須練眼力

一、把眼光放遠點

　　東漢末年，三國爭霸之前，周瑜並不得意。他曾在軍閥袁術手下為官，被袁術任命當過一回小小的居巢長，不過就是一個小縣的縣令。

　　這時候地方上發生饑荒，年成既壞，兵亂間又損失不少，糧食問題日漸嚴重起來。居巢的百姓沒有糧食吃，就吃樹皮、草根，餓死了不少人，軍隊也餓得失去了戰鬥力。周瑜作為父母官，看到這悲慘情形急得心慌意亂，不知如何是好。

　　有人獻計，說附近有個樂善好施的財主魯肅，他家素來富裕，想必囤積了不少糧食，不如去向他借。

　　周瑜帶上人馬登門拜訪魯肅，剛剛寒暄完，周瑜就直接說：「不瞞老兄，小弟此次到訪，是想借點糧食。」

　　魯肅一看周瑜豐神俊明，顯而易見是個才子，日後必成大器，於是哈哈大笑說：「此乃區區小事，我答應就是。」

　　魯肅親自帶周瑜去查看糧倉，這時魯家存有兩倉糧食，各三千斛，魯肅痛快的說：「也別提什麼借不借的，我把其中一倉送給你好了。」周瑜及其手下一聽他如此慷慨大方，都愣住了。要知道，在饑饉之年，糧食就是生命啊！周瑜被魯肅的言行深深感動，兩人當下就交上了朋友。

　　後來周瑜當上了將軍，他牢記魯肅的恩德，將他推薦給孫權。魯肅也終於得到了做一番事業的機會。

226

很多事情，當時看來好像是吃虧了，但或許正是你此時的付出，就會為今後的成功埋下伏筆呢！

二、把度量放大點

古人說宰相肚裡能撐船，一個人沒有容人的度量，便什麼事也辦不成。

春秋戰國時期，孟嘗君曾擔任齊國宰相，家中養了許多食客，其中有一位食客與孟嘗君的小妾私通。

有人向孟嘗君報告情況，並進言說：「身為人家的食客，卻與主人之妾私通，天理不容，理應處死。」

孟嘗君聞悉，卻說道：「喜愛美女是人之常情，此事不宜再提。」此後，他不僅不再提及此事，反而對與其妾私通的食客施與恩惠。

一天，孟嘗君召來這個食客，對他說：「你在我門下已有多日，一直沒有適合的位置安排給你，時下衛國國君與我交情甚篤，我想替你備好車馬銀兩，送你到衛國做官去。」

那個食客不勝感激，連忙稱謝。他到衛國後，受到衛王的器重，後來衛國與齊國關係緊張，衛國欲聯合諸國一齊攻打齊國。

此時，這個曾受惠於孟嘗君的人知道了消息，冒著殺頭的危險向衛王進言道：「臣之所以來到衛國，全仗孟嘗君不計臣的無能與過錯，將臣推薦給大王。臣聽說齊、衛兩國的先王曾經

約定，未來的兩國子孫後代要世代友好，絕不能彼此攻伐。現在陛下卻想聯合其他國家一齊攻打齊國，這不僅有悖於先王的約定，也有負於孟嘗君的一番情誼，懇請陛下打消攻打齊國的念頭。不然，臣願死在陛下的面前！」

衛王覺得他說得有理，而且特別佩服他的仗義，於是打消了聯合攻打齊國的念頭，同時對這個忠義之士則更為重用。

西漢袁盎，早先曾做呈王府的丞相。當時，袁盎手下的一位文書卻偷著與袁盎的一位愛妾私通。袁盎發現了，沒有吭聲。有人得到風聲，就私下告訴袁盎，文書於是逃走了。袁盎追回文書，把小妾賜給他，待他還跟過去一樣。

至漢景帝時，袁盎調離王府，入朝做了太常。有一次，他奉派出使吳國。當時吳國正準備謀反，就想先把袁盎殺掉，以免走漏消息。吳王派去 500 壯士，將袁盎的住處悄悄圍住，袁盎卻一點也沒有覺察。這時袁盎的文書已成了吳王手下的一名軍官，率領 500 兵丁包圍袁盎的首領正是他。文書不忘舊恩，一心想怎麼救他的舊主人。他弄來 200 瓶好酒，把手下 500 兵丁全部灌醉，然後連夜喊起袁盎，說：「恩公你可以走了，吳王他要殺掉你！」袁盎說：「你為什麼要救我？」那人便說：「我就是當初你的文書呀！」袁盎連夜逃走，得以保身。

可以肯定的是，孟嘗君與袁盎的心裡並不是一點嫉恨都沒有，只不過利弊權衡，他們知道怎樣做對他們更有利。

如果想成就一番事業，就肯定會有一定的犧牲、投入和付出，包括金錢、精力、時間，甚至家庭。把度量放大點，把目光放遠點，只要是合情合理的投入，某個時候就會有產出。

憑自己的能力辦事

人不僅要發現自己的潛能，也應該發現自身的不能。只有更好的認清自身的侷限，才能對自身的能力做出正確的評價，做到有「自知之明」。

在這個世界上，即使是有很強的辦事能力的人，也不可能做到事事能辦、事事可辦。生活當中，有兩種人辦事經常失敗，一種是因為辦事能力低，一種是對自身辦事能力評估過高。如何使自己能夠成事呢？認清自己的辦事能力有多大，無疑是成事的基本素養之一。

常言說，「有多大的能力，端多大的飯碗」，「七分人辦不了八分事」。一個人在準備辦一件事時，必須對自己的辦事能力做出必要的稱量，如不能量力而行，辦事的結果也就可想而知了。

現代社會正處於一個轉型期，社會分工越來越細，每個人在社會上的角色不同，這就對現代人的生存本領提出了更高的要求。人不僅要能夠適應多變的社會角色，還應對自身的角色有一份清醒的認知。

人在社會中的地位身分不同，辦事能力也是不相同的。現

實生活中，我們常見到這種現象：與親戚辦事，輩分高的人出面一般來說比輩分低的容易一些；在社會上辦事，求有社會地位的人出面幫忙，就比地位不高的人出面順暢。之所以形成這樣的差異，就在於每個人在社會中的身分與地位有所差別。如常言所說，人微言輕，權高位重，就是這樣的道理。

無論是求人辦事還是幫人辦事，我們都必須認清自己的實力，看憑自己能力能辦多大的事，能跟什麼樣的人辦事，採取什麼樣的方法和途徑才合適。心裡有了譜，辦事才會更有針對性、分寸感，自然的就會減少許多不必要的麻煩與障礙，更容易達到辦事目的。依據自己的身分地位辦事，我們還應有更強的靈活性，依據自己身分地位的變化，隨時調整自己的辦事思維與方法。

在官場中常有這樣的現象，有些當權者在位時，被其下屬眾星捧月、前簇後擁；而他一旦離開了權力，人生狀況便一落千丈。原來在位時一句話就能夠圓滿辦到的事情，現在說破了嘴皮子也難以辦成了。這就是地位變化對辦事能力帶來的變化。

社會地位發生變化，辦事能力就會發生變化。明白了這一點，我們就清楚了哪些事不該辦，哪些事該辦，應辦到什麼程度，應採取什麼樣的方法，這樣你的辦事品質就會明顯提高。

有時，別人提出的請求，我們自己也沒有把握能否辦到。這時不要過於自信，更不可吹牛。否則，即使兩人平時關係密切，可一旦事情辦砸了，就很容易得罪人。

某教授學識淵博、氣質儒雅，在經商潮的衝擊下，他兼任了一家廣告與資訊顧問公司的經理。

一天，某家小雜誌社的主編經人介紹來到教授家，一番寒暄過後，主編道出來意。原來，他們這個小雜誌社有心舉辦一項文化活動，以擴大自己的影響力和募集一些資金，想請他出面幫幫忙。

教授仔細詢問了一番後，點頭說：「嗯，你們的想法很好，我願意幫助那些有作為的年輕人。」接著他又蠻有把握的許諾說：「我的學生中，現在有許多已經是企業和一些部門的領導者了，他們一向很尊重我，也非常關心和支持我現在的事業。我請他們給一點贊助、廣告，大概不成問題。」

教授的一番話使對方人喜過望，這位主編信心也立時大增。就在主編等著教授許諾肯定能夠拉來的贊助款項時，教授忽然銷聲匿跡了。

後來，教授不好意思的嘆著氣對朋友說：「唉，為拉贊助，我不知費了多少口舌，跑了多少路，好話說了幾十車，把我的老臉都丟盡了！誰知那些人原來說得好好的，什麼願意投資文化事業，什麼您出面我們還有什麼可說的……可事到臨頭，該往外掏錢了，就又都變卦了！這下我倒好，成了豬八戒照鏡子──裡外都不是人了！」

沒有能力做到的事情貿然去做，不僅費力不討好，而且易於得罪他人。

調整自己的期望值

所謂「期望值」，是指人們希望自己所想或所做的事情達到成功的一種比值。希望越高，希望破滅帶來的傷害越深。人們在求人時，都希望自己所想或所做的事獲得成功，但客觀現實又往往不遂人願。有的事成功了，有的事沒有成功；有的事在一定意義上或部分成功了，有的事卻完全辦糟了。

事情成功了，令人興奮；事情沒有成功或辦糟了，叫人懊惱、悲傷。尤其是求人辦事前寄予的成功期望值越大，一旦事情沒有成功或辦糟之後，失落感就越強，心理上越得不到平衡，由此內心的痛苦就越強烈。這種狀態勢必影響工作，妨礙身心健康。

因此，人們在社會關係中，應該調整好自己的心態，即把「期望值」調節在最恰當的位置，也就是要對自己有一個恰當的定位。那麼，如何來調整自己的期望值呢？

一、正確評估自己

要對自己自身有個正確的評價。

知己知彼，百戰不殆。若對自己沒有正確、客觀的認知，盲目的瞎撞，就不可能獲得大的成功。

比如，某年輕人到城市找工作，剛來就面臨著一個選擇，是應徵某公司祕書一職呢，還是應徵某工廠招收的工人呢？沒

有學歷的他選擇了前者，結果失敗而回，又錯過了工廠招工的機會，使得他一段時間內委靡不振。

顯然，這位年輕人就是沒能正確評價自己，對應徵祕書一職寄予的期望太大，也太存僥倖之心，因而做了錯誤的選擇。他沒能正確的分析自己：學歷較低，寫作和口頭表達水準都很一般，缺乏做祕書的基本能力。如果他之前認知到這一點，工廠的工作可能更適合他。

二、冷靜分析自己

一個人要想做成事，對自己的各個方面也須有全面、客觀的分析。

某公司有一位年輕男孩，他才能、相貌平平，卻偏偏愛上了一個剛到職的女大學生。他對這位漂亮的、已有對象的女孩大獻殷勤，卻屢遭拒絕，使自己在公司非常難堪。

這位年輕男孩對自己所渴望的異性寄予的期望值太高，而沒有去冷靜分析自己的不利因素，他的失敗是在情理之中的。

三、做好兩種心理準備

無論是結交他人，還是求人辦事情，都有成功與不成功兩種可能。對事情只想到成功而不想到失敗，是不客觀、不現實的態度。

幹練成熟的人，做任何事之前都有心理準備。他們求人辦

事時，常常胸有成竹，不因事情順利而沾沾自喜、忘乎所以，也不因事情受挫而悲觀失望、牢騷滿腹。正是因為他們有良好的心理準備，他們往往更容易成功。

　　商業社會利益至上，在貸款方面求人幫忙，免不了一番討價還價的談判。作為一個冷靜成熟的談判者，就不應當把成功的「期望值」定得太高或太低。太高，你就會麻痺大意，談判前該準備的資料和應商定的對策，可能就不會去認真準備，結果「大意失荊州」；太低，你就可能喪失信心，或怯場，或精神萎靡不振，丟了自己的優勢，讓對方牽著鼻子走。

四、不要太樂觀

　　對於能否達到目的，我們千萬不能盲目樂觀，而寧可事先將不利因素預估得嚴重一點。

　　俗話說：「先難後易。」這就是說任何事寧可在事前把不利因素評估得充分一點，也不要到事後才後悔。事前尚有應變、迴旋的餘地，事後「生米煮成了熟飯」，要想挽救也來不及。

　　有一個公司職員，看到別人辭職做生意賺了錢，自己也想發財，就仿效他人做起了生意。但由於對自己的性格特點和對其他客觀的不利因素評估太少，結果失敗了，不僅虧了本，而且丟了原本不錯的工作。後來他得知原來工作單位的同事加了薪資，非常後悔，痛苦萬分。

　　究其失敗的原因，很重要一點就是他對自己經商這一行為

所抱的希望太高，既缺乏對情況的整體把握，又缺乏必要的心理準備和應變措施。

五、世上沒有一錘子買賣

人們對於人情世故的掌握程度所限，不可能人人都是諸葛亮，事事能掐會算。因此，在實踐中學習，在實踐中調整自己的行動是十分重要的。

這就是說，在求人辦事的過程中，及時的根據客觀情況的發展變化來審視和調節自己的期望值，適時的採取相應的變通措施，才可能避免或減少失敗。事變我變，人變我變，不把希望盯在某一點上。成功的可能性小了，就後退一步或改弦易轍；成功的可能性變大了，就全力爭取，奮勇拚搏。

有位教師曾辭職經商，與人合作開了一個電器維修和電子產品的商店，但生意不景氣，他立即改變思路，與合作者辦起了一所電器維修學校，學生絡繹不絕，不僅受到當地群眾的歡迎，而且他的經濟收入頗豐。如今經相關部門批准，他創辦的學校已擴大為一所民營的職業技能培訓學院，遠近聞名。

人人都心想事成，萬事如意，遇事總喜歡朝好的方面想。但一旦行動起來，就不能不從多方面考慮。其中重要一點是調整好自己的期望值，使自己處於正常行為和正常競爭的心理狀態。這樣，我們就少了一份失敗的危險，而多了一份成功的希望！

應考慮自己的性格

　　性格是指我們在對人、對事的態度和行為方式上，所表現出來的心理特點以及與之相適應的習慣化的行為方式。比如說，有的人小心謹慎，有的人敢拚敢闖。小心謹慎與敢拚敢闖就是兩種截然不同的習慣化了的行為方式。人們根據這些外顯出來的習慣化特徵，來區別這兩種人的性格差別。

　　有人認為，性格可以隨人生經歷而改變，是可以在後天環境中磨練出來的。但要看到，性格在定型之後具有很強的穩定性，一夜之間判若兩人的情況畢竟少見。性格成型穩定後，既不容易改變，對人的行為也會產生極大的支配作用。逆來順受慣了的人，如果不經歷大的波折、大的痛苦，是很難迅速轉變成為一個堅決果斷、敢作敢當的人的。即使由於一些機緣，這種人坐上了某公司的第一把交椅，時間一長，他多半還是會下來，因為多年來的逆來順受已使他對權力沒有多大的欲望，而且他也習慣了受人支配（或自己動手）的行為方式。像金庸筆下的張無忌（《倚天屠龍記》的主角），身上就帶有這種特徵。他的武功智慧是超一流的，但卻沒有強烈的權力欲望，學成蓋世神功也純屬巧遇，當上了明教教主更是因為形勢所迫，到頭來，他終於攜佳人歸隱山林。

　　明白了這一點，就要依據自己的性格去辦自己能辦的事，迴避不適應自己性格的事，這樣才能提高自己辦事的成功率。

應衡量自己的人緣

在日常生活中我們常常能聽到下面這樣的對話：

A：大李這人挺不錯，你看他每天滿面春風的，好像從來沒什麼煩心事，而且他做事人家都願意幫忙，大家都喜歡他。

B：這有什麼奇怪的，人家人緣好嘛！

的確，一個人的「人緣」在生活中、在工作中有時比他的真才實學還要重要！如金庸筆下的韋小寶胸無點墨，卻在黑白兩道左右逢源，備受重用，原因就在於他討人喜歡，「人緣」好！

現代社會是一個重視交際的社會。交際活動中，人緣的好與壞對個人能否成事的確很重要。人緣好的人，在社會上的形勢就好，社會評價也高，因而找人辦事也容易得到理解、同情、支持、信任和幫助。所以，一個人的人緣好與壞，直接反映著這個人在社會上辦事的能力和水準。所以，我們在辦事過程中，一定要考慮自己的人緣因素。

提高辦事效率要建立一個關係網，我們的人緣就在這個關係網中。辦事之前，我們應在腦海中先把這個關係網整理出來，清點一下各個相關對象，看看他們在哪個階層上，自己與他們的交情有多深，他能幫自己多大的忙。清楚了這些，我們對辦事分寸就有了把握。

生活中也是這樣，誰家都會有一、兩件大事小情。譬如，兒女婚嫁、生日慶賀，有多少人會來捧場、獻賀禮、幫忙，則

完全取決於自己的人緣。不考慮人緣因素而盲目的行動，一是過多的準備可能會替自己帶來經濟上的損失，二是自己準備不足，又可能使自己緊張忙亂。恰當的估算自己的人緣，依人緣進行周密的計畫與行動，才能使事情辦得圓滿。

看對方的身分辦事

　　人雖然在人格上是平等的，但在社會上，地位等級觀念使得人在某些方面其實並不平等。所以，對方的身分、地位不同，我們說話的語氣、方式以及辦事的方法也應有異。這裡不是說我們要低聲下氣的去求人。職位低，人格不能低，「到什麼山，唱什麼歌，見什麼人說什麼話」。把別人的職位不放在眼裡，那也是不尊重別人的表現。如果不明白這一點，對什麼人都是一視同仁，則可能會被對方視為沒大沒小、無尊無卑，尤其對方是身分地位比自己高的人，會認為你沒有教養，不懂規矩，因而肯定會不願幫你的忙或者有意為難你，這樣就可能阻礙自己辦事，使所辦之事一波三折。

　　宋朝知益州的張詠，聽說寇準當上了宰相，對其部下說：「寇準奇才，惜學術不足爾。」這句話一語中的。張詠與寇準是多年的至交，他很想找個機會勸勸老朋友多讀些書。

　　恰巧時隔不久，寇準因事來到陝西，剛剛卸任的張詠也從成都來到這裡。老友相會，格外高興，寇準設宴款待。在郊外

送別臨分手時，寇準問張詠：「何以教準？」問他對自己有何見教。張詠對此早有所考慮，正想趁機勸寇公多讀書。可是，寇準已是堂堂的宰相，居一人之下，萬人之上，怎麼好直截了當的說他沒學問呢？張詠略微沉吟了一下，慢條斯理的說了一句：「〈霍光傳〉不可不讀。」當時寇準弄不明白張詠這話是什麼意思，可是老友不願就此多說一句，言訖而別。

回到相府，寇準趕緊找出《漢書·霍光傳》，他從頭仔細閱讀，當他讀到「光不學亡術，闇於大理」時，恍然大悟，自言自語的說：「此張公謂我矣！」（這大概就是張詠要對我說的話啊！）當年霍光任過大司馬、大將軍等要職，地位相當於宋朝的宰相，他輔佐漢朝立有大功，但是居功自傲，不好學習，不明事理，寇準與他有某些相似之處。寇準讀了〈霍光傳〉，很快明白了張詠的用意，感到從中受益匪淺。張詠的委婉辭令，實在是高明。

聰明人都是懂得看對方的身分、地位來辦事的，這也是自己辦事能力與個人修養的表現，平常我們所說的「某某人會做事」，很大程度上就表現在「見什麼人說什麼話」的才智上。這樣的人不只領導者器重他，同事也不討厭他，辦事的成功率當然要高。

看對方的性格辦事

　　各人性格不同，千姿百態。有的人喜歡聽奉承話，給他戴上幾頂「高帽」，他就會使出渾身力氣幫你辦事；有的人則不然，你一給他戴「高帽」，反而引起了他的警惕，以為你是不懷好意；有的人剛愎自用，你用激將法，才能使他把事辦好；有的人脾氣暴躁，討厭喋喋不休的長篇說理，跟他說話辦事就不宜拐彎抹角。所以，與人辦事，一定要弄清楚這個人的性格，依據他的性格採取不同的對策。

　　春秋時期，齊國有田開疆、古冶子、公孫捷三勇士，很得齊景公寵愛。三人結義為兄弟，自詡「齊國三傑」。他們挾功恃寵，橫行霸道，目中無人，甚至在齊王面前也「你我」相稱。亂臣陳無宇、梁邱據等乘機收買他們，想藉他們的勢力奪取政權。

　　相國晏嬰眼見這股惡勢力逐漸擴大，危害國政，暗暗擔憂。他明白奸黨的主力在於武力，三勇士就是王牌，屢次想把三人除掉。但他們正得寵，如果直接行動，齊王肯定不依從，反而會弄巧成拙。

　　有一天，鄰邦的國王魯昭公帶了司禮的臣子叔孫來訪問，謁見齊景公。景公立即設宴款待，叫相國晏嬰司禮；文武官員全體列席，以壯威儀；三勇士奉陪，威武十足，擺出不可一世的驕態。

　　酒過三巡，晏嬰上前奏請，說：「眼下御園裡的金桃熟了，

難得有此盛會，可否摘來宴客？」

景公即派掌園官去摘取，晏嬰卻說：「金桃是難得的仙果，必要我親自去監摘，這才顯得莊重。」

金桃摘回，裝在盤子裡，每個有碗口般大，香濃紅豔，清芳可人。景公問：「只有這麼幾個嗎？」

晏嬰答：「樹上還有三、四個未成熟，只可摘六個！」

兩位國王各拿一個吃，甜美可口，互相讚賞。景公乘興對叔孫說：「這仙桃是難得之物，叔孫大夫賢名遠播，有功於邦交，賞你一個吧！」

叔孫跪下答：「我哪裡及得上貴國晏相國呢，仙桃應該給他才對！」

景公便說：「既然你們相讓，就各賞一個！」

盤裡還剩下兩個金桃，晏嬰請示景公，傳諭兩旁文武官員，讓各人自報功績，功高者得食此桃。

勇士公孫捷挺身而出，說：「從前我跟主公在桐山打獵，親手打死一隻吊睛白額虎。為主公解圍，這功勞大不大呢？」

晏嬰說：「擎天保駕之功，應該受賜！」

公孫捷很快把金桃嚥下肚裡去，傲眼左右橫掃。古冶子不服，站起來說：「虎有什麼了不起，我在黃河的驚濤駭浪中，浮沉九里，斬驕龜之頭，求主上性命，你看這功勞怎樣？」

景公說：「真是難得，若非將軍，一船人都要溺死！」把金桃和酒賜給他。可是，另一位勇士田開疆卻說：「本人曾奉命去攻打

第九章　辦事也須練眼力

徐國，俘虜五百多人，逼徐國納款投降，威震鄰邦，使他們上表朝貢，為國家奠定盟主地位。這算不算功勞？該不該受賜？」

晏嬰立刻回奏景公說：「田將軍的功勞，確比公孫捷和古冶子兩位將軍大十倍，但可惜金桃已賜完了，可否先賜一杯酒，待金桃熟時再補？」

景公安慰田開疆說：「田將軍！你的功勞最大，可惜你說得太遲。」

田開疆再也聽不下去，按劍大嚷：「斬龜打虎，有什麼了不起？我為國家跋涉千里，血戰功成，反受冷落，在兩國君臣面前受辱，為人恥笑，還有什麼顏面立於朝廷上？」拔劍自刎而死。

公孫捷大吃一驚，亦拔劍而出，說：「我們功小而得到賞賜，田將軍功大，反而吃不著金桃，於情於理，絕對說不過去！」手起劍落，也自殺了。古冶子跳出來，激動得幾乎發狂的說：「我們三人是結拜兄弟，誓同生死，今兩人已亡，我又豈可獨生？」

話剛說完，人頭已經落地，景公想制止也來不及了。齊國三位武士，無論打虎斬龜，還是攻城掠地，確實稱得上勇敢，但只是匹夫之勇。兩個桃殺了三個勇士。晏嬰就是抓住了他們不能忍耐徒有驕悍之勇的性格，而達到自己的目的。

摸透對方的性格，才能為自己辦事找到突破口。投其所好，便可與其產生共鳴，拉近距離；投其所惡，便可激怒他，使其所行按自己的意願進行。無論跟什麼樣的人辦事，我們都應首先摸透對方的性格，這樣辦事才能成功。

摸透對方心理辦事

兵法上說，知己知彼，百戰不殆。辦事也是一樣，單單「知己」，認識自己的能力、地位、人緣還不夠，還要做到「知彼」，了解交際對象，了解對方的性格、身分、地位、興趣，然後投其所好，避其所忌，攻其虛，得其實，這樣辦起事來才能穩操勝券。

具體來說，我們應掌握如下應付各類人群的方法。

一、應付口蜜腹劍的人

如果他是你的老闆，你要裝得有一些痴呆的樣子。他讓你做任何事情，你都唯唯諾諾滿口答應。他和氣，你要比他更客氣。他笑著和你談事情，你笑著猛點頭。萬一你感覺到，他要你做的事情實在太惡劣了，你也不能當面拒絕或翻臉，你只能笑著推諉，誓死不接受。

如果他是你的同事，最簡單的應付方法是裝作不認識他。每天上班見面，如果他要親近你，你就找理由馬上閃開。盡量避免和他共事，萬一避不開，就要學著寫日記，每天檢討自己，留下工作紀錄。

如果他是你的部下，只要注意三點：首先找獨立的工作或獨立工作位置給他，其次不能讓他有任何機會接近上面的主管，最後對他表情保持嚴肅、不帶笑容。

二、應付吹牛拍馬屁的人

　　如果他是你的主管，表面上你要和他打好關係，他吹牛拍馬屁對你無害。當他是你的同事時，你就得小心了，不可與他為敵，也沒有必要得罪他，平時見面還是笑臉相迎，和和氣氣。如果你有意孤立他或者招惹他，他就可能對你耍小手段。如果他是你的部下，你要冷靜對待他的阿諛逢迎，看看他究竟是何居心。

三、應付挑撥離間的人

　　同樣是一張嘴巴，有人用來吹牛拍馬屁，有人用來諷刺損人，有人用來挑撥是非、離間同事。吹牛拍馬屁是不損人但利己；尖酸刻薄是既損人又不利己；挑撥離間是將公司弄得亂七八糟人心惶惶，變文明為野蠻，人人自危。

　　喜歡挑撥離間的人，對公司帶來的殺傷力非常大而且迅速，只要一不注意或處理不當，他便可以使整個環境烏煙瘴氣。應付這類型的人，沒有什麼好的辦法，只能防微杜漸，最好不讓這類人進入公司或部門，或一有發現就予以制止或清除，否則，後果不堪設想。

　　挑撥離間型的人做了你的老闆，你首先要注意的是謹言慎行，和他保持距離，在公司內建立個人信譽。萬一有一天，有什麼是非發生，你得盡量化解，寬心忍耐，同時要保持著「能做就做，不能做就走」的寬廣心胸。

如果這種人做了你的同事，你除了謹言慎行及與他保持距離外，最重要的是你得聯合其他同事，建立同盟關係，將他孤立起來。如果他向任何人挑撥或離間，都不要為之所動。

如果他是你的部下，那你就要想辦法弄走他、孤立他。如果你不先下手，那他就會孤立你、弄走你。

四、應付雄才大略的人

這一類型的人，胸懷大志，眼界開闊，而不計較一些小的得失。他在工作時，不忘充實自己及廣結善緣。除了完成自己的工作外，他也會幫助別人和指導同事。

不論他在公司中的資歷有多老，甚至他已成為組織中的正式主管，他都能在極自然的狀況下影響別人，控制群體的行為。俗語所說的「虎行天下吃肉」，指的大概就是這種人。

雄才大略的人，見識往往異於常人，思考邏輯方式也有個人特色。他在時機不成熟時，可以忍耐，臥薪嘗膽，忍辱負重；時機成熟，他奮臂而起，如大鷹衝天，讓人刮目相看。

不是每一個雄才大略的人，都能成大功、立大業。但是，做人處事自有風格，不卑不亢、不急不躁是他的本色。

遇到有雄才大略的老闆，你是幸運的。你無妨亦步亦趨，片刻不相離，他晉升你也跟著晉升。碰到這種老闆，你要虛心的向他學習。

有雄才大略的同事，如果大家利益一致，大可共創一番轟

轟烈烈的事業。如果一山不容二虎的話，你最好各取所需，各享盛名，而得其利。如果行不通的話，你就全心全意的幫他成功，自己多少也留下「藺相如」的美名。

有了這種部下，你應有自知之明。知道他終非池中之物，有朝一日定會超越你。你不妨虛心的接納他，給他實質的協助與肯定，這種方法在人際關係上稱為感情投資，到時候一定是有利潤的。

根據對方的具體情況辦事

有一天，你去找你的上司，請他出面幫助你辦某件事。

平常你的上司身體健康，精力充沛，在工作上也頗得心應手，公司內的人都認為他很有前途；可是這一天，他顯得心神不定，很可能是家中發生了問題。

他雖不說出來，一直在努力的克制，可總會在臉上流露出苦惱的表情，為了不讓部下知道，他表面極力裝得若無其事。午餐後，他用呆滯的眼神望著窗外，此時，他那迷惑惘然的臉色，已失去了往日的朝氣。你對這種微妙的臉色和表情變化，不能不予以注意。你應盡你最大的設想，找出主管真正苦惱的原因，並對他說：「經理，家裡都好嗎？」以隨意問安的話，來開啟他的心靈。

「不！我正頭痛呢，我太太突然病倒了！」

「什麼？你太太生病了！現在怎麼樣？」

「其實需要住院，醫生卻讓她在家中療養。太太生病後，我才感到諸多不便。」

「難怪呢！我覺得經理您的臉色不好，我還以為你有什麼心事，原來是你太太生病了。」

「想不到你的觀察力這麼敏銳，我真佩服你。」

如果他一面說著，一面臉上露出從未有過的笑容，你此刻可以知道你成功了。在人最需要的時候去安慰他，這才是做同事的人應有的體諒和善意。上司由於悲傷，心靈呈現出較脆弱的一面，我們更不應再去刺激他，而應常設法讓他悲傷的心情逐漸淡化。上司的苦惱，在尚不為人知曉前，你應主動設法了解。自然，從此以後，上司會對你刮目相看。

視對方的情況辦事，還有重要的一條是不能犯忌，如果犯了所求對象的忌諱，恐怕該成的事也難辦成了。

對性格外向、愛好交際的人，在辦公室與他們談話一般不會有什麼副作用；而對性格內向、膽小怕事、敏感多心的人則容易產生副作用，此時，就應當換個環境，在室外、院子裡隨意談心，才容易達到說服的目的。

託人辦事時如果一味的談自己的事，並不停的說「請你幫忙，拜託了」之類的話，會讓人感到不耐煩。

假如我們想把自己的請求向對方說明，就應該先擺出願意聽取對方講話的姿態來，有傾聽別人言談的誠意，別人也才會

願意聽我們說話。

　　談話的話題應該視對方的情形而定。再好的話題，若不能符合對方的需求，就無法引起對方的興趣，最好是想辦法引出彼此共同的話題來，才能聊得投機，然後再設法慢慢的把話題引入自己所要談論的範圍裡。

　　在日常談話中，一般人都是說些身邊瑣事，這或許是想向對方表示親切。在正式交談中，我們盡量不要把另一半、兒女當作話題，否則會給人一種不正式的感覺。

　　談話先從政治、經濟等比較嚴肅的題目開始，然後再涉及文學、藝術、個人的興趣方面等比較輕鬆的話題。將自己的觀點、見解發表出來，使得彼此都能有共同的想法，才是最好的談話。

　　一個善於辦事的人，一定很注重禮貌，舉止穩重，態度溫和，言詞中肯動聽。這樣，雙方就能談得投機，你託辦的事自然也易辦成。

　　所以要使對方對你產生好感，必須言詞和善，講話前先斟酌思量，不要想到什麼說什麼，這樣會引起別人皺眉頭，自己卻還不知道為什麼。心直口快的人平時要多培養一下自己的深思慎言作風，切不可不看周圍是何處脫口而出，這樣會影響到自身的形象和辦事的效果。

說話要看對象

　　說話不看對象，不僅達不到託人辦事的目的，往往還會傷害對方；反之，了解了對方的情況，即使發表一些大膽的言論，也不會對對方造成傷害。

　　《世說新語》有這麼一則故事：有個叫許允的人在吏部做官，提拔了很多同鄉人。魏明帝察覺之後，便派虎賁衛士去抓他。

　　將要出門的時候，他的妻子趕出來告誡他說：「明主可以理奪，難以情求。」讓他向皇帝申明道理，不要寄希望於哀情求饒。

　　於是，當魏明帝審訊許允的時候，許允直率的回答說：「陛下規定的用人原則是『舉爾所知』，我的同鄉我最了解，請陛下考察他們是否合格，如果不稱職，臣願受處罰。」

　　魏明帝派人考察許允提拔的同鄉，他們都很稱職，於是將許允釋放了，還賞了他一套新衣服。

　　許允提拔同鄉，是根據封建王朝制定的個人薦舉制的任官制度。不管此舉妥不妥當，它都合乎皇帝認可的「理」。許允的妻子深知跟皇帝打交道，難於求情，卻可以「理」相爭，於是叮囑許允以「舉爾所知」和用人稱職之「理」，來抵消提拔同鄉、結黨營私之嫌。這可以說是善於根據談話對象的身分來選擇談話內容的絕好例子。

　　與主管說話或是探討工作，就應該盡量用請教的語氣。向主管多請教工作方法，多討教辦事經驗，他會覺得你尊重他、看得起他。所以，在工作中，在辦事過程中，對於某些不太清楚的地方，我們應主動去請示主管：「關於這事，我不太了解，應該如何處理？」或「這件事依我看來這樣做比較好，不知局長有何高見？」如此一來，我們不但會減少錯誤，當主管的也會感到自身的價值。有了他的指導和支持，我們後面的事情就好辦得多了。

　　與人交談不但要看對方的身分、地位，還要看對方的性格、興趣、愛好、長處、弱點、情緒、想法觀點等。針對別人的不同特點，採取不同的說話方式，這樣才有利於解決問題。

　　戰國時期著名的縱橫家鬼谷子曾經精闢的總結出與各式各樣的人交談的辦法，其主要意思是說：和聰明的人說話，須憑見聞廣博；與見聞廣博的人說話，須憑辨析能力；與地位高的人說話，態度要軒昂；與有錢的人說話，言辭要豪爽；與窮人說話，要動之以利；與地位低的人說話，要謙遜有禮；與勇敢的人說話，不要怯懦；與愚笨的人說話，可以鋒芒畢露；與上司說話，須用奇特的事打動他；與下屬說話，須用切身利益說服他。

　　下面列舉 9 種類型的人和與他們交流的方法。

- **死板的人**：這種類型的人，就算你很客氣的和他打招呼、寒暄，他也不會做出你所預期的反應來。他通常不會注意

你在說什麼，甚至有可能根本沒聽進去你講什麼。

我們和這種人交際，剛開始多多少少會感覺不舒服。遇到這樣的人，你就要花些時間，仔細觀察他的一舉一動，從他的言行中，找出他真正關心的事來。你可以隨便和他閒聊，只要能夠使他回答或產生一些反應，那麼事情也就好辦了。接下去，你要好好利用此一話題充分發揮，引誘他開始表達自己的意見。

每一個人都有自己感興趣、關心的事，只要你稍一觸及，他就會開始滔滔不絕的說下去。

- **傲慢無禮的人**：有些人自視清高、目中無人，時常表現出一副「唯我獨尊」的樣子。這種舉止無禮、態度傲慢的人，實在叫人看了生氣，也是最不受歡迎的典型。但是，當你不得不和他接觸時，你要謹慎的對付他。

  對付這一類型的人，說話應該簡潔有力，最好少跟他囉唆。你要盡量小心，以免掉進他的圈套裡去。

  不要認為對方客氣，你就禮尚往來的對待他。其實，他的客氣多半是缺乏真心誠意的。最好在不得罪對方的情況下，言詞盡可能簡省。

- **沉默寡言的人**：和不愛說話的人交流，你會感到非常吃力。因為對方太過於沉默，你就沒辦法了解他的想法，更無從得知他對你是否有好感。

對付這種人，你最好採取直截了當的方式，讓他明確表示「是」或「不是」，「行」或「不行」，盡量避免迂迴式的談話，你不妨直接的問：「對於 A 和 B 兩種辦法，你認為哪種較好？是不是 A 方法好一點呢？」

· **深藏不露的人**：我們周圍存在有許多深藏不露的人，他們不肯輕易讓人知道他的心思，有時甚至說話不著邊際，一談到正題就「顧左右而言他」。

雙方進行交流，目的在於了解彼此情況，以使任務圓滿完成。因此，我們要經常挖空心思去窺探對方的情報，期待對方露出他的「廬山真面目」來。

但是，當你遇到這麼一個深藏不露的人時，你不要把自己預先準備好了的資料拿給他看。最好的辦法是先口述給他，聽聽他的看法。當你判斷他的確不是真淺薄，而是真正有才華的時候，若是沒有其他利益衝突時，才可以把你的資料提供給他，讓他根據你所提供的資料，做出最好決斷。

這種人多半不願將自己的弱點暴露出來，即使在你要求他做出答案或提出判斷時，他也故意裝作不懂或者故意言不及義、閃爍其詞，使你覺得他有一種高深莫測的感覺。其實這只不過是對方偽裝自己的手段罷了。

· **辦事草率的人**：這種類型的人，乍看好像反應很快：他常常在交流進行到最高潮時，忽然做出判斷，給人「迅雷不及掩耳」的感覺。由於這種人多半是性子太急了，因此，有的時

候為了表現自己的果斷，他的決定就會顯得隨便而草率。

這樣的人經常錯誤的領會別人的意圖，也就是說，由於他的反應太快，每每會對事物產生錯覺和誤解。他的特徵是：沒有耐心聽完別人的談話，往往「斷章取義」，自以為是的做出決斷。如此，雖使交流進行較快，但草率做出的決定多半會留下後遺症，招致意料不到的枝節發生。

一般的溝通，總要按部就班，倘若你遇到這種人，最好把你的談話內容分成若干段，說完一段（一部分）之後，馬上徵求他的同意，沒問題了再繼續進行下去，如此才不致發生錯誤，也可免除不必要的麻煩。

- **頑固不化的人**：頑強固執的人是最難應付的，無論你說什麼，他都聽不進去，只知堅持自己的意見，死硬到底。跟這種頑固分子交手，是最累人且又浪費時間的，結果往往徒勞無功。因此，你和他交涉的時候，千萬要記住適可而止，否則，談得越多、越久，自己心理反倒越不痛快。

  對付這種人，你不妨及早抱定「早散」、「早脫身」的想法，隨便敷衍他幾句，不必浪費自己的寶貴時間。別忘了，「條條大路通羅馬」。

- **行動遲緩的人**：對於行動比較緩慢的人，你最需要的是耐心對待。

  與人交際時，可能也會經常碰到這種人，此時對他絕不能著急，因為他的步調總是無法跟上你的進度，換句話說，

253

他是很難達到你的預定計畫的。所以，你最好按捺住性子，拿出耐心，盡可能配合他的情況去做。

- **狹隘自私的人**：這世上自私自利的人為數不少，無論走到哪裡，總會遇到幾個。這種人心中只有自己，凡事都將自己的利益擺在前頭，要他做於己無利的事，他是絕不會考慮的。

  當我們不得不與這種人接觸交涉時，只有暫時按捺住自己的厭惡之情，姑且順水推舟投其所好。當他發現自己所強調的利益被肯定了，自然也就會表示滿意，這樣交涉就會很快獲得成功了。

- **毫無表情的人**：人的心態和感情常常會透過臉部的表情顯現出來，故在交際的時候，往往可將對方的表情作為判斷他內心情感的參考。

  然而，有些人卻是毫無表情的，也就是說，他的喜怒哀樂是不形於色的。這種人若非深沉，就是呆板。當你和這種人進行交際時，最好的方法就是特別留意他的眼睛。

  常有人說：「眼睛是會說話的。」眼睛是心靈的窗戶，仔細觀察，肯定會有所收穫，關鍵是你觀察的經驗必須老練。

  從對方的表情中，你可以看出他對你所持的印象究竟如何？有時候，自己會過分緊張得連表情都不很自在，此時，你不妨看看對方的反應，是不加注意、無動於衷，或是已然覺察、面露質疑？

當然，我們還可以從其他角度來考慮說話的訣竅，以下幾方面可供參考。

- **年齡的差異**：對年輕人，應採用鼓勵性的語氣；對中年人，應講明利害，供他們斟酌；對老年人，應以商量的口吻，真誠的表示出尊重的態度。
- **地域的差異**：對於生活在不同地域的人，所採用的勸說方法也應有所差別。
- **職業的差異**：不論遇到從事何種職業的人，都要運用與對方所掌握的專業知識相關的語言與之交談，這樣就能縮短與對方的心理距離。
- **性格的差異**：若對方性格豪爽，便可以單刀直入；若對方性情遲緩，則要「慢工出細活」；若對方生性多疑，切忌處處表白，應該不動聲色，使其疑惑自消。
- **教育程度的差異**：一般來說，對於教育程度低的人所採用的方法應簡單明確，多用淺顯語句，多使用一些具體的數字和例子；對於教育程度高的人，則可以採取抽象的說理方法。
- **興趣愛好的差異**：凡是有興趣愛好的人，當你談起關於他的愛好這方面的事情來，對方都會興致盎然，同時，他對你無形中也會產生好感。因此，如果你能從此方面入手，就會為下一步的遊說打下良好的基礎。

說話要看場合

美國前總統雷根在一次國會開會前，為了試試麥克風是否正常，張口便說：「先生們請注意，5分鐘之後，我將對蘇聯進行轟炸。」一語既出，眾皆譁然。雷根在錯誤的場合和時間裡，開了一個極其不當的玩笑。為此，蘇聯政府提出了強烈抗議。在莊重嚴肅的場合裡是不宜開過頭玩笑的。

說話必須要看場合，不注意這點，說一些不適宜場合氣氛情境的話，效果往往與初衷適得其反。

在追悼會上，說任何喜樂的話、玩笑的話，都會引起當事人的不滿。在一個人情緒失控的場合下，任何情況的安慰都難以使當事人接受。不如等他冷靜下來，恢復了理智，再與他交談為好。

相反，在醫院裡，對於身患絕症的病人，說一些善意的謊言，開幾句玩笑，卻有可能喚起他對生活的熱愛，從而鼓起與病魔對抗的勇氣和信心。

陪孩子去考場參加考試，考完一科下來，孩子們必然要對答題狀況和家長有所交流、探討。在這個場合下，如果家長只會批評孩子答題馬虎，平常學習不認真，必然會影響到孩子下一科的考試情緒。

聰明的人善於利用場合時機來達到自己的辦事目的。

某校有個班導師談到，有一天，他們高一的二班與四班進

行籃球比賽，兩個隊打得十分激烈，後來，高一的二班贏了。

第二天一早，學校針對紀律和環境衛生進行檢查，高一的二班同學們正處在興奮之中，環境打掃沒做好，同學們也不以為然，以為今天班導師肯定不會責備大家。

沒想到班導師一上講臺，就說：「我們班是不是想在環境清潔評比上輸在別的班後面？桌子沒擦，走廊髒土沒有清理。現在，留下一些人立即做好打掃。我們班籃球贏了，清潔和紀律也不能落在別的班後面！」由於大家陶醉在球賽的勝利之中，所以班導師先對他們潑點冷水，叫他們看到某些方面的差距，這是有好處的。

審時度勢、因勢利導，在不同的場合使用不同的說話方式，這對我們提高辦事能力是大有好處的。

說話要注意分寸

兩個學生各拿著自己的一幅畫請老師評價。老師如果對甲說：「你畫得不如他。」乙也許比較得意，而甲心中一定不悅；如對乙說：「你畫得比他還要好。」乙固然很高興，甲則會覺得很掃興。

講究分寸是一種很重要的說話藝術。說話是否有分寸，關係到辦事的成敗。注意分寸，就是指說出的話不能傷人。不管自己是否意識到，也不管自己有意還是無意，說話都不可傷人。

一、第一次與人見面時說話的分寸

自我介紹是人們與人打交道時必須發生的一種交流。由於辦事的目的、要求不同，自我介紹的分寸也應有所區別。

在有些情況下，自我介紹的內容很簡單，只要講清楚姓名、身分、目的、要求即可。例如某建築公司辦事員到某鋼廠買鋼材。他一進銷售部的門，就對坐在辦公桌邊的一位先生說：「您好！我是某某建築公司的採購員，來貴廠買圓鋼，希望你能幫忙。」對方肯定會介紹自己的情況。透過這樣一番簡單的自我介紹，鋼材貿易的大門打開了，洽談有了一個良好的開端。

在另外一些情況下，自我介紹的內容就需要較詳盡了。我們不僅要講清楚姓名、身分、目的、要求，還要介紹自己的經歷、學歷、資歷、性格、專長、經驗、能力、興趣等等。為了獲得對方信任，有時還得講一些具體事例。什麼情況下做簡單的自我介紹，什麼情況下做詳細的自我介紹，沒有定規，只能視具體情況而定。

二、託人辦事時的說話分寸

託人辦事，即使是關係很密切的人，措辭、語氣也要適當。不要用生硬的口氣，如「你必須幫我處理」、「一定要完成」等。這樣說，有時會強人所難，讓人難以接受；如果改用「請盡量幫我一把」、「最好能幫我做到底」，就會為人留下迴旋的餘地。如果是對方當時難以答覆的問題，就要說：「過兩天

給我一個回音好嗎？」或者「到時我去找你，請你費心」等，託人辦事要給人留下一個充分考慮和商討的時間，讓人可進可退。

託人辦事，態度要誠懇，應盡量向人家講明自己做此事的目的、作用，把事情的原因、想法告訴人家，說話不要支支吾吾，不要讓對方覺得你不相信他。

三、應答別人時的說話分寸

如何答覆求你辦事的人，也是表現自己辦事能力的一個方面。凡認為對的，就回答他一聲「很好」；認為不對的，就回答他「這個問題真的很難說」；自認為可以辦到的事就回答他：「我去試試，但成功與否現在還很難確定。」自認為辦不到的事就回答他：「這件事的確很難處哩，就我的能力和關係是沒有多大的希望。」

總之，答覆求你辦事的人，不要把話說得太肯定、太絕對。太肯定的回答，很容易造成不歡而散的後果。一切回答必須留有迴旋的餘地，萬一臨時不能決定，你可以回答：「讓我考慮考慮，再答覆你可以嗎？」或者說：「讓我與某某商量後，由某某答覆吧。」前者是接受與不接受各占一半，後者多數是表示婉言拒絕。

如果求你辦事的人嘮叨不停，你不願意再聽下去，你可講些其他無關緊要的話，轉移目標；如果對方還沒有結束話題的意思，你可以直接說：「好的，今天就談到這裡為止。」然後站

起身來，說聲「對不起，我還有事要辦，下次再談！」求你辦事的人會中止談話，不再與你糾纏。

四、催問別人時的說話分寸

催問別人時要注意用語的分寸，應多用懇請語氣，千萬不可用「怎麼還沒處理呀？」、「不是說今天就給我答覆嗎？為何講話不算數？」、「你們到底什麼時候解決？」、「這個月底前必須處理！」這些責問句或命令句只會激起別人的反感，如果改換另一種詢問口氣，可能效果會好得多。

不能有急躁情緒，要耐心的、不厭其煩的登門拜訪，說明你的理由和要求。別指望很快就能得到答覆和處理，要有長期作戰的心理準備。

在催問時間的間隔上要越來越短，次數上要越來越頻繁，要造成處理者的緊迫感。頻頻催問很可能會引起對方的煩躁，這不要緊，只要你有禮有節就沒有關係。只要你堅持不懈，就會為事情帶來轉機。

催問也需要講究，催問時要客氣、語氣平和，即使受了冷淡待遇、碰了釘子或者對方發了火，也要沉住氣。你要對自己說：只要問題能處理，受點委屈也是值得的。

說話要抓住最佳時機

　　能否掌握說話的時機，直接關係到說話效果和交流效果。所謂時機，就是指雙方能談得開、說得攏，對方願意接受的時候。倘若一個人在車禍喪子的悲痛中還沒解脫出來，你卻上門託他幫你的兒子當媒人介紹媳婦，無疑這樣不識時務的談話是會碰壁的；主管正為應付上級檢查而忙得焦頭爛額的時候，你卻找他去談待遇的不公，那你肯定要吃「閉門羹」甚至遭到訓斥。掌握好說話的時機，才能提高辦事的成功率。那麼，什麼時候與對方交談和溝通才算抓住了時機呢？

　　聰明的小孩子往往懂得在大人高興的時候提出自己的要求，這時他們的要求多半會被滿足。家長們在心情比較好的時候，為了不破壞氣氛，往往會比平時更加寬容大度。

　　在職場上，上下級相處的藝術也是這個道理，下屬若想從上司那裡謀取一點好處，首先得需要上司的首肯。多數主管都有一種「家長」傾向，都有恩威並舉的心理，那麼我們就不妨因勢利導，巧妙的加以利用，在主管春風得意之時，或提要求，或進諫語，必能收到意想不到的良好效果。

　　眾所周知，史達林在晚年逐漸變得獨斷專行，唯我獨尊的個性使他難以接受下屬的不同意見。在第二次世界大戰期間，史達林的這種過分的「自我尊嚴」感曾使蘇聯紅軍大吃苦頭，遭受了本可避免的重大損失和重創。一度提出正確建議的朱可

261

夫（Zhukov）元帥曾被史達林一怒之下趕出了大本營。但有個人例外，他就是瓦西里耶夫斯基（Vasilievsky），他往往能使史達林在不知不覺中採納他正確的作戰計畫，從而發揮著傑出的作用。

瓦西里耶夫斯基的進言妙招之一，便是潛移默化的在史達林休息的時候對他施加影響。在史達林的辦公室裡，瓦西里耶夫斯基喜歡與史達林談天說地，進行「閒聊」，並且往往還會「不經意」的「順便」說說軍事問題，既非鄭重其事的大談特談，講的內容也不會頭頭是道。但奇妙的是，等瓦西里耶夫斯基走後，史達林往往會想到一個好計畫。過不了多久，史達林就會在軍事會議上宣布這一計畫。大家都紛紛稱讚史達林的深謀遠慮，但只有史達林和瓦西里耶夫斯基心裡最清楚，誰是真正的發起者，誰是真正的想法來源。

正是在這種閒聊中，瓦西里耶夫斯基用自己的想法啟發了史達林的想法，以至於史達林本人也認為這些好主意正是他自己想來的。但不管怎樣，從效果上看，瓦西里耶夫斯基透過「聊天」達到了他的目的，使他的建議能夠被史達林所採納，並成為史達林最為倚重的人之一。

向主管提建議，很有學問，那就是一定要注意時機和場合，以便使主管更能用心領會你的意見，並不會產生對你的反感。例如在進行娛樂活動時，一般主管的心情比較好，這時候

提出的建議會使主管更容易接受。特別是如果你能把所提的建議與當時的情景相連起來，透過暗示、類比等心理活動的作用，會對主管有更大的啟發。還有些比較成功的下屬善於接住主管的話，上承下傳，借題發揮，巧妙的加以應用，從而觸動了主管，使許多懸而未決的問題得到了解決。

　　有一個單位剛購置了一批電腦及相關設備，並準備修建一個機房。但在機房安置空調機一事上，主管卻不肯批准，認為單位的員工都在沒有空調的情況下辦公，不宜單獨對電腦機房破例。雖然有員工據理力爭，說明安裝空調是出於機器保養而非個人享受的需求，但主管卻不相信機器會這麼嬌貴，堅決不同意。

　　後來，單位的主管與員工一起出去旅遊、參觀。在一個文物展覽會上，主管發現一些文物有了毀壞和破損，就詢問解說員。解說員解釋說，這是由於文物保護部門缺乏足夠的經費，不能夠使文物保存在一種恆溫狀況下所致，如果有一定的製冷設備，如空調，這些文物可能會保存得更加完整。主管聽後，不禁有些感慨。此時，站在一旁的機房負責人乘機對主管低語：「其實，機房裡裝空調也是這個道理呀！」

　　主管看他一眼，沉思片刻，然後說：「回去再寫個報告上來。」很快，這位主管就批准了機房的要求，為他們裝上了空調設備。

263

學會聽弦外之音

　　常言說：明人不用細講，響鼓不用重錘。要想辦事靈活，耳邊功夫更須修練一番。

　　清朝時某年鄉試，翰林王某被任為順天府鄉試的主考官。紀曉嵐位居顯要，王某有意攀附，行前到了紀府，拜望紀尚書。王某委婉提出，紀尚書家裡此年是否有參加大比的子弟？

　　用意十分明顯，表示他願意從中做點手腳，幫一下紀氏子弟。這明明是蓄意作弊，換在別人提出來，紀曉嵐準會開罵；但這次輪到自己，他不免動了心。一邊熱情的接待王翰林，一邊暗暗的想著萬無一失的辦法。

　　紀曉嵐曾幾次主持鄉試和會試，對這些規定十分清楚，心想考生方面，「文章」實在難做，但考官作弊是有些方便條件的。

　　王翰林一片誠心，紀曉嵐十分感激，因為皇上對作弊行為的懲治是極其嚴酷的。雍正年間，福建學政俞鴻圖因考場作弊，被腰斬為兩段，而後此刑雖除，但作弊的考官免不了丟官去爵。紀曉嵐思來想去，想出了一個絕妙的辦法，於是對王翰林笑道：「有勞王大人惦記，多謝多謝！不過紀氏子弟，都不成器，即使有幾個侄孫參加本科大比，我斷定他們不能題名。」「紀大人過謙了，久聞紀氏子弟，個個聰明俊逸，紀大人何出此言？」王翰林狡黠的眨著眼睛。「不怕王大人笑話，紀姓這些

子侄們，確實很不爭氣，寫個『也』字，連勾都不會挑。」紀曉嵐裝作慚愧的說。王翰林也是聰明之人，早把弦外之音記在心裡，又閒談一陣，起身告辭。

　　主考官走後，紀曉嵐立刻修書一封，派人送回老家獻縣，告訴家裡的人，凡是今年趕考的，寫「也」字一律不許挑勾。紀氏子弟依計而行，逢寫「也」字時都不挑勾。

　　果然大比揭曉後，紀氏子弟，同科中了七、八個舉人。直到90年以後「也」字不挑勾的事，才從紀氏後人口中傳出來，紀曉嵐和那些中舉的紀氏子弟都已作古了，因而未曾引起什麼風波。

　　實際上，耳邊訓練主要在聽者一方，這種耳邊功夫，一是表現在要會「聽」，能聽出對方話中有話；二是要聽「準」，千萬不能「說者無心，聽者有意」，從而把對方的話給聽「錯」了，反而鬧出笑話，使自己下不了臺。

▶▶ 第九章　辦事也須練眼力

第十章　小心行路防陷阱

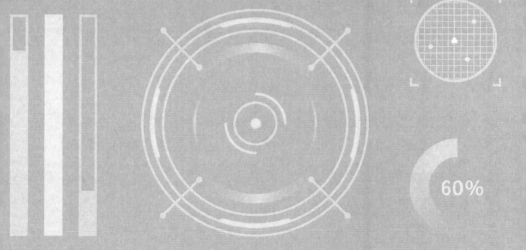

60%

　　一隻年老的獅子生病了，躲在洞穴中大聲的呻吟。附近的一些動物聽到了獅子的呻吟，十分同情年老多病的獅子，紛紛進洞探視。

　　狐狸聽到了消息也前往探視。走到洞穴前，只聽到老獅子呻吟聲越來越大，可憐極了，正欲進洞的狐狸忽然豎起了耳朵，收回正欲跨進洞穴的前腳，在洞穴四周來回踱步。

　　洞裡的老獅子忍不住問道：「狐狸啊！既然來了，為什麼不進來呢？」

　　「我只看見一些向洞裡走的動物的腳印，沒有看到走出來的腳印，我怎麼敢進去呢？」狐狸回答。

替不肖職業仲介把脈

　　一位深知不肖職業仲介（非法職業介紹所）內幕的人，向媒體透露了不肖仲介的操作內幕，想以此告誡那些做發財夢的異鄉人，千萬別受騙。

　　透露這一不肖仲介的操作內幕的人姓陳，雖然在不肖仲介只做了2個月，但對談的每一筆生意都記憶猶新。他所在的不肖仲介非常隱蔽，隱藏在一家商業辦公大樓裡，沒有任何執照，他們將徵才資訊以不同的名字刊登在一些大眾類的報紙求職廣告上，多以高薪誠聘KTV服務生、保全、公關、按摩師為名，吸引一些既沒有學歷，又沒有特長，還急於賺錢的人。

當急於求職的人打來電話時，他們從不說自己是一家職業介紹機構，而是謊稱是某某公司的人事部門，是直接徵人，根據求職者應徵的不同職位，先要收取一定的會費，如做公關要交2,500元，做保全要交1,000元等，只有這樣才能成為他們的會員，找工作才有門路。收取會費的價格也是由他們自己隨意定價的，不管求職者身上有多少錢，他們都會想方設法讓他掏出來。這些錢只要進了他們的口袋，受騙者就別想再拿回去了。

電話是他們接生意的資訊源，他們不會錯過每一個送上門來的機會。即使是晚上睡覺，接線生們也會將電話放在枕頭邊，如果電話突然中斷，他們會透過來電顯示功能，立刻回撥過去，生怕漏掉賺錢的機會。這樣的電話，公司每天都能接到100個左右，透過電話上門來的每天也有30多人。

陳先生說，這些人即使繳了錢也根本不會找到工作。當求職者將資料交給公司後，公司會給求職者一個他們早已聯絡好的固定電話，讓他晚上打電話，一位所謂的「領班」會替他安排工作，公司還會暗示只有給「領班」小費才能有工作。當求職者按照公司的話照辦之後，他會被「領班」帶到工作場所，進行面試，可這種面試往往只是走個過場，根本不會成功，面試的人會以你的相貌不好、工作能力差等理由將求職者掃地出門。至於所繳交的各種名目的費用，基本上不會退還。

這只是不肖仲介騙錢的一種方式，還有許多電話裡聲稱不收錢的不肖仲介，等求職者上門，他們就變換各種理由巧立各

種名目,如檔案管理費、工作保證金、合約保證金、伙食費、面試安排費等,五花八門,騙取求職者的錢財。

在現階段,由於幫人介紹工作或徵才的仲介成為了一種職業,而勞務詐騙就是「騙子公司」以徵才的名義,利用應徵者尋工心切的心理,透過非法手段騙取應徵者錢財的行為。勞務詐騙手段很多,隨著時間的推移,行騙者的騙術也在「繼承」的基礎上又有「創新」,致使不少尋工心切、缺少求職經驗的求職者誤投羅網,受騙上當。勞務詐騙者的新舊騙術有以下幾種招式。

- 「金蟬脫殼」式:在大街小巷貼滿「徵人啟事」或在非主流媒體上登虛假廣告後,臨時在辦公大樓租一間辦公室,掛上「經理室」、「財務室」或「人事部」的招牌,進行虛假招募,向應徵者收取報名費、押金、服裝費、證件費等名目不同的費用後,告訴應徵者已被錄用,於1個星期或10天半月後來此處報到,正式上班。當受騙者按指定的時間來此處「上班」時,才發現已人去樓空。
- 「泰山壓頂」式:一些所謂的「實業公司」或「貿易公司」,以招收業務員、行銷人員為藉口,許以高薪,在收取求職者的押金或服裝費後,讓求職者花錢買下保健品、化妝品、小電器等各類消費品後,再去銷售,並對每人制定幾乎無法完成的銷售任務。而其後業績考核的高壓政策

和太低的分紅收入，使許多人不堪重負，中途退出；有些人雖然能咬牙挺過來，但完成不了「任務」仍會被「炒魷魚」。當求職者要求退回各類費用時，他們往往以違約或與制度不符等藉口拒絕。

- 「借屍還魂」式：利用過時或偽造的假證照、假合約進行虛假招募，簽訂合約時，收取求職者高額的保證金，勞動合約書上的印章大多模糊不清，這樣即使「騙子公司」不消失，受騙上當的應徵者也無可奈何。

- 「軟刀殺人」式：求職者繳齊各類費用後，即可上班，每天讓求職者到外面從事市場調查、商品搬運等工作，福利一概沒有，同時找出種種理由克扣薪資，讓求職者做大量的無用功，花費大量的錢財，流盡了「最後一滴血」。實在支撐不住了，求職者會自動告退，退款照舊沒門。

- 「釜底抽薪」式：以酒店或某某國際旅行社名義，以幾十萬元高薪為誘餌，以招收男女公關或服務生為名，誘騙求職者將錢存入指定的銀行帳戶，然後用銀行的提款卡把錢取走。

- 「雁過拔毛」式：「騙子公司」手下再設幾個「子公司」聯手，應徵者會像皮球一樣被傳給幾個子公司，每被傳給一個子公司，應徵者就要被迫繳交一次錢，這樣在幾個公司之間「傳」下來後，應徵者的「毛」已被「拔」得差不多了，最後被安排個理由打發走人。

· 「裝神弄鬼」式：騙子以非法辦學手段，打著美容美髮、推拿按摩、電腦培訓的幌子，以提供就業為誘餌，收取 5,000 ～ 20,000 元的培訓費後，或捲款而逃，或「開學」不久後沒了蹤影。

勞務詐騙的共同特徵是：一是來者不拒，一概合格，如有人被拒絕，那一定是特別安排的角色。二是費用必收，來者有份，收費項目包括報名費、建檔費、入行費、服裝費、工作證費、介紹費、食宿費、押金、養老保險金等，收費標準一般是 3,000 ～ 5,000 元不等，少的也有幾百元，多的可達上萬元。三是高薪承諾，騙你上鉤，月薪高的如「男女公關」可達 10 萬～ 15 萬元，低的如業務員底薪也承諾有 5 萬元。四是騙子公司因沒有長期打算，陳設簡陋，而正規的公司一般辦公設備比較齊全，招募時不會向應徵者收取任何費用。

租房陷阱

剛走出校門接觸社會的年輕人往往慨嘆這個社會處處都是陷阱，簡直寸步難行，實在是太複雜了，讓自己無所適從，只有無奈的低吟：「借我一雙慧眼吧！讓我把這真假看個清清楚楚。」

人類社會，的確有充滿詭詐、欺騙的黑暗面。為了私欲，有的人什麼事都做得出來，所以這個世界上充滿了陷阱，讓人

防不勝防。在社會上行走，如何識破陷阱、避免踏入陷阱是不可不知的。

初入社會，要認識陷阱相當不容易，因為陷阱都經過設計、偽裝，真真假假，虛虛實實，就像獵人的陷阱，上面都要覆蓋上樹枝草葉，讓路過的動物看不出來。

要認識陷阱不容易，但要了解陷阱的本質卻不難。陷阱形形色色，無法予以歸類，但製造陷阱卻只有一個最高的原則，就是：利用人性的弱點。

我們不時會從各類報刊上看到各種騙子落網的報導。初入社會的年輕人，可以發現一個簡單的事實，絕大部分騙人的手法都不高明，騙子的智商也不見得有多高，他們都是利用人的弱點來行騙。

在城市中生活的人群，不是租房就得買房。而由於在租房的過程中資金流量較大，坑蒙拐騙的事情就經常發生。

劉祥在 A 城已工作了 3 年，最近打算結婚，不能再住公司提供的宿舍了。沒辦法，他只得去租房。

一天，報紙上一則房屋出租的資訊吸引了他，大小合適，地段好，價錢也相對便宜。劉祥覺得挺適用，於是便根據廣告上所留的電話和房東聯絡。

因為是第一次租房，同事們向劉祥提了很多建議，包括地理位置、價格、朝向等等。說得最多的就是騙子多、水深，目的是提醒他留心，不要上當。

▶▶ 第十章　小心行路防陷阱

有了大家的提醒，在與房東張越接觸的過程中，劉祥格外小心，不但查看了張越的身分證和房屋權狀，還留下了影本。

看到房客對房子如此滿意，房東就建議劉祥，乾脆一次付半年的租金，這樣還可以便宜點。想到有近萬元的優惠，劉祥當即與房東簽訂了租賃合約。在付了半年的租金 8 萬元後，劉祥高高興興的拿到了房子的鑰匙。

第二天下班後，劉祥攜未婚妻興高采烈的去整理房子，可鑰匙卻怎麼也打不開門。既沒拿錯鑰匙也沒走錯門啊？跟幾位鄰居打聽後才終於找到了房東，原來他已換了門鎖。但此房東已不是昨天的張越，他自稱姓李，聽完劉祥的敘述後，李先生憤憤的說：「這房子是我的，與你辦租房手續的其實也是個租客，他已 2 個月沒付房租了，太不像話了！」

劉祥一聽，原來與自己簽約的是一個假房東，頓感自己上當了。因為真房東沒拿到錢，他只得自認倒楣，錢花了，房也住不成。

回到公司後，劉祥與同事談起這件事，同事們很激動：「提醒過你吧，還是被騙了，說不定是真假房東演的一齣騙人的雙簧戲，就有人專做這種事。」

回憶租房時和兩個房東打交道的過程，劉祥越想越覺得同事講得有道理，就去找房東李先生理論，質問那假房東為什麼有房屋權狀。而李先生反問劉祥看清楚資料的真假沒有，稱自

己手裡的房屋權狀才是真的，不信的話可儘管去查。劉祥說你們可能是一夥的，可李先生一句「你有什麼證據」就把劉祥給頂了回來。劉祥啞巴吃黃連，有苦說不出。

在房屋租賃中，各式各樣的陷阱和騙局層出不窮，總結起來，大概有以下 5 種。

· **「押房」遊戲**：所謂「押房」就是短進長出，房屋的出租者並不是房屋的真正產權人，他也是租別人的房子。他在租房時所訂的租期較短，通常為 1 個月，長的也不過 2 個月，支付的租金相對較少。在獲得房屋的居住權後，然後再將房屋轉租給他人，而租期最少在半年以上。透過這一進一出，賺取再租者的差價。完成這一進一出後，原租房者就開溜了。押房騙局是租房中發生得最多的，一些不肖者常常以此為營生。

胡某是某房屋仲介公司的業務員，他以工作之便獲悉某處一間房屋有出租意願。胡某決定以「押房」方式賺取差價，即先從房東手中租房，然後高價轉租給他人。

交易很快達成，他先以假身分證與房東簽訂了為期 2 個月的租賃合約，履行了租房手續，而後他又私下將該房租給來公司找房的李小姐。與李小姐簽訂 1 年的租賃合約，收了 6 萬元的押金和年租金後，他就離開了所在的房屋仲介公司。

對於防止「押房」這樣的騙局，租房人一定要仔細審查房屋出租人的房屋產權證明或權狀原件、房東本人的身分證及戶口名簿；要注意從房東的言談舉止中觀察他是否熟知房子基本情況和周圍環境狀況，要透過街坊鄰居了解房屋狀況及房主情況，從而判斷房東的真假及其所言的真實性。不要輕易被優惠條件打動，租金最好月付，不要輕易預繳大額租金。

‧「蹺腳」房屋：「蹺腳」房屋是房屋仲介賺取仲介費的一種把戲，因為仲介的任務就是提供房屋資訊，協助辦理租房手續。但有時市面上並沒有太多的房源可租，仲介就設置一些圈套，讓已簽訂的租房合約無法完成。而此時，按照仲介協定，客戶在簽訂完合約後再出問題，仲介費是不退的。

「蹺腳」房屋就是在客戶與房主簽訂完房屋租賃手續後，又出現意想不到的問題，這大部分都是房屋仲介有意為租房者設計的圈套。仲介與房東串通後，先以比較優惠的條件吸引房客，待一切手續完備、客戶要入住時，一些意外的問題出現了。但無論客戶是否滿足新的條件，租或不租，已收的仲介費是不退的。

張先生透過仲介公司租用了一間住宅，除支付給房東 8 萬元的租金及押金外，他按要求支付給仲介公司 3 萬元的仲介費，其後與房主簽訂了房屋租賃合約。

3 天以後，正當張先生張羅著要搬進新家時，仲介公司撥了個電話給他，稱房東的母親不同意以如此便宜的價格把房

子租出去，因為她也是產權人之一，她有相應的權利。房東母親的出現讓張先生左右為難。要住吧，得大幅提高租金，不住吧，3萬元的仲介費就賠了。

對於這樣的騙局，租房者一般都是防不勝防。租房者和出租者處於資訊不對稱的狀態，而租房者一般處於弱勢。

預防這類騙局的方法：一是找信譽好的仲介公司，二是委託律師協助租房，三是在與仲介簽協議時將所有的因素考慮進去，在仲介協議中注明租房中的一切問題都由仲介公司負責解決。

假房東：這是個詐騙者最熟悉的遊戲騙局，通常他們都與真房東勾結，持有相應的證件，假冒房東。一旦他們與租房者達成協議履行了付款手續後，假房東逃遁，真房東出現，導致租房協議無效。

劉先生花了5,000元的資訊服務費，委託仲介公司協助租賃——間三房一廳的房屋。仲介公司當天即物色了一間月租金3,5000元的房子給劉先生。劉先生與房東聯絡並查看了相關的證件後，雙方約定，租金首付1年。雙方簽訂了租賃合約，劉先生也付了錢。

劉先生入住了2星期後，令他始料未及的是，真房東以討租金為名找上了門。他告訴劉先生，該繳房租了。

要在一個陌生的環境辨別真假房東有一定的難度，但稍加留意仍然會察覺其中的紕漏。遇上租金特別低、要求半年

付或年付租金的房子時，承租者應保持清醒，讓房東出示產權證明或使用權狀是最起碼的要求。另外，房客可透過鄰居了解房東的情況，判斷房東的真偽。

- **仲介協議暗藏內情**：房屋仲介為了賺取仲介費，在仲介協議上設計了很多不利於消費者的條款，即使房客租不到房，那也不能退仲介費。

付小姐與某仲介公司簽訂了房屋租賃委託書。付小姐告知業務員，自己需要租賃兩房一廳、租金 2 萬元以下的房屋。業務員當即要求付小姐先繳納 1,000 元資訊費和 5,000 元的仲介服務費。

繳齊了款項，業務員讓付小姐立即到某社區看房，而到社區後房東卻告知業務員臨時有事。業務員將房東的聯絡電話及姓名給了付小姐，讓他們自己另約時間。

第二天上午，付小姐與房東通了電話，房東說房屋租金每月絕對不能低於 2,5000 元。因為價格無法接受，付小姐打消了租這間房子的念頭，但她卻發現自己所付的仲介費無法索回。原來，仲介公司擬定的委託書有言在先，委託方與房東交換聯絡方式後即視為其代理服務完成，無論是否租到房，其仲介服務費都不退還。

對於租房、買房這一類的交易活動，相關部門都制定了規範的合約文本，所以在租房時，消費者有權要求仲介公司使用政府公告的房屋仲介示範合約文本，對仲介公司提供

不實住房資訊應設定違約責任。

- **不肖仲介人去樓**空：有一些仲介業者未註冊公司行號、也沒有固定辦公地點，這些仲介往往在收錢後便一走了之。王小姐因急需租房，於是從廣告中找到了 2 家仲介公司。王小姐與兩家仲介分別簽訂了房屋租賃委託書，並分別向 2 家仲介公司各交了 5,000 元仲介費。幾天後，一家仲介公司向王小姐介紹了一處房源，王小姐聽了介紹表示不滿意，這家仲介公司從此就「人間蒸發」。另一家仲介公司給了王小姐 7 個租房資訊，結果無一資訊真實。王小姐上門要退仲介費，但這家公司也無影無蹤了。

為了防止遭受不肖仲介的欺騙，租房者在選擇仲介公司時，一定要查看其營業執照，慎重委託，避免上當受騙。

別把陷阱當餡餅

賈女士的丈夫數年前失業了，雖然有幾萬元的補償，但一家三口仍過著清貧的日子。他們的孩子才 6 歲，今後用錢的地方還很多，所以一家的生活十分節儉。

賈女士與他人合開一輛計程車，每天辛辛苦苦也就只賺少少的錢。因為時常載一些商賈富豪，她的心態不太平衡；再聽他們講一些賺錢的事情，想到別人賺錢那麼容易，所以她心裡也相當浮躁。

▶▶ 第十章　小心行路防陷阱

　　那天早晨，賈女士載了一個話講得不太流利、剃著小平頭的年輕男子。此人上車後講不清楚目的地，很顯然是對當地的地形不熟悉。計程車七轉八彎走了許多冤枉路後，終於找到了目的地，賈女士覺得有點過意不去，直線距離不長，但讓乘客掏了不少冤枉車費。「小平頭」並不介意，十分爽快的付了不菲的車錢，且一直稱賈女士服務熱心、周到，臨走時還要了她的聯絡電話，說以後搭車還要找她。

　　中午時分，賈女士突然接到「小平頭」的電話，說有急事一定要搭她的車。「小平頭」上車後便焦急的說：「快，快，馬上趕到這個地方。」接著，「小平頭」就拿出手機，對著電話中的林科長一頓訴說：他朋友有一顆祖傳寶石，現在他家人得了重病，要動大手術，急著用錢，想把這顆寶石趕快賣掉，他要林科長幫忙鑑定後再定出賣價。

　　聽著「小平頭」的述說，賈女士的好奇心也慢慢上來了，就和「小平頭」聊著寶石和那危重的病人。於是，「小平頭」從包裡取出一個包裝精美的首飾盒，裡面一顆亮晶晶的寶石發著幽藍的光彩。賈女士這是第一次見到寶石，看得簡直入了迷，差點把前面的車給撞了。

　　計程車開到地點的門口後，「小平頭」急急下車，一番張望後，一個白白胖胖的男子從大門內走出。「林科長！」「小平頭」激動的迎了上去，將胖男子迎上計程車。

　　林科長從「小平頭」手中接過寶石後連連稱讚：「好貨，好

貨！」他瞪著眼珠，拿出一面鏡子，對著寶石左看右察，接著伸出了四根手指：「起碼能值這麼多。」「能值這麼多嗎？那太好了，病人的手術費沒問題了，病人有救了！」「小平頭」喜出望外。賈女士饒有興趣的看著他們的一言一行，心裡盤算著「四根手指」到底是指 4 萬元還是 40 萬元呢，當然太多了她也不敢想。

林科長問「小平頭」有何打算，並說如果由他出面，出手肯定不低於 40 萬元。「40 萬元啊！」賈女士暗暗驚嘆。「小平頭」這時顯出一點沉著和老練：「林科長，您也別在意。明說吧，這麼大的事，我還是相信你，我想再請銀行的專業人員估個價，這樣大家都放心。」

「小老弟，你真細心！」林科長拍著「小平頭」的肩膀誇獎道。「有一家銀行的行長是我老同學，他在國外工作過多年，對珠寶鑑定有十分豐富的經驗，要不然，我們找他幫忙看看。」

於是，他們又坐賈女士的計程車來到銀行，一個穿著西裝、打著領帶、胸前別著名牌的乾瘦老頭已在銀行門口迎候他們了。這個被稱為張行長的人拿出隨身攜帶的一套賈女士看不懂的鑑定工具，摸摸看看了好一陣後，終於鄭重的對「小平頭」說：「先生，這顆寶石成分非常純正，我們行收了，60 萬元！」

「小平頭」並不著急的對張行長說：「謝謝行長，這寶石是我朋友的，有您這句話，我們就放心了。我回去和朋友商量商量，再來麻煩您。」張行長坦誠的說：「放心，我們是有信譽保

證的銀行，你們可別貪圖小便宜去黑市。如果賣給我們銀行，我還可再獎勵你們 10,000 元，你們三個都有份。」

買女士又驚又喜，今天終於開眼界了，一顆彈珠大的寶石，竟值 60 萬元。上車之後，林科長對「小平頭」和買女士說：「我倒有個主意，不如我們三個先用 40 萬元把寶石買下來，然後再賣給張行長他們銀行，這樣一進一出就能賺 20 萬元，每人能分 6 萬多元呢。」

「小平頭」一開始說這有點不妥，對不起朋友，但經不起林科長的勸說，慢慢就開始鬆口了。而在一旁開車的買女士也不想錯過這個發財的機會，也勸「小平頭」一起先把寶石買下，於是，他們商量好，就近先到買女士家拿錢。

買女士一家平時省吃儉用，存下了 10 幾萬元，這也是全家的救急錢，不到萬不得已不得動用。然而此時，想到頃刻就能賺 6 萬多元，買女士什麼也顧不得了，容不得和丈夫商量，悄悄領出這筆錢，交給了林科長。林科長讓買女士把車開到一個巷口，將寶石交給買女士保管，便和「小平頭」一起到家裡拿錢，說好幾分鐘就回來。

誰知，買女士在巷口望眼欲穿卻怎麼也不見兩人回來。她便急忙到銀行去找張行長，哪知這家銀行根本就沒有「張行長」，而她手中像寶貝般捧著的「寶石」卻是地攤上隨處可見的假貨，也就不到 100 塊錢。想到辛苦存下來的 10 幾萬元一下

子就被騙光了，賈女士一下子癱坐在地。

　　類似的騙局發生多起，被害人都是以開計程車為生的人，教育程度不高，單純、善良、熱情，又有點「貪小便宜」，所以容易成為騙子的「目標」。

　　在假物詐騙案中，騙子們一般採用分別扮演角色，用假錢、假藥、假元寶、假文物等道具設騙局，讓受騙人爭先購買。但是，無論他們的騙局如何變化，但招數都大同小異。

　　在這些騙局中，幾乎所有的騙子都會花言巧語，都有很強的判斷能力，清楚的知道哪些層次和年齡層的人容易受騙，掌握了這些人喜歡貪圖小便宜的心理。假物詐騙的通用手法一般有如下幾種。

一、撿錢包分錢法

　　這是一種最古老的騙術，幾十年前就發生過；到現今為止，該騙術的內容沒有絲毫的改變，只是時間、地點、演員在變，而受騙上當的人依然前仆後繼。

　　這個騙術的道具是一個鼓鼓囊囊的錢包，為顯示它的等級，一般都是真皮的，叫人一看，覺得裡面裝的錢不少。其實除了錢夾縫隙裡露出的那些花花綠綠的紙鈔是真的以外，裡面填滿了冥紙或報紙。

　　這個騙術的演員一般是兩個人，看起來都是很普通且互不相識的路人。

　　當被騙者在路上行走時，在他的身前，一名行人的身上會突然掉下來一個鼓鼓的錢包而渾然不知，這時，受害人多少會猶豫並注意這個錢包，畢竟它看起來價值不菲。若是受害人撿了錢包，趁他還未打開之際，旁邊就會冒出一個人，打著見者有份的名義要求和被騙者共同平分錢包裡的「鉅款」；若被騙者不撿錢包，旁邊照樣會冒出一個人來，他撿起錢包並主動要求和被騙者平分這個錢包的財物。所以，只要有人注意這個錢包，節目就開始了。

　　而就在兩人準備找地方分錢時，前面那個「掉錢包」的人會突然折回來，問他們是否撿到了錢包，如果你貪便宜，答案當然是沒看見。掉錢包的人一走，這個要與被騙者分錢包的人就會告訴被騙者，錢包你先拿著，等一下找地方分錢，為保險起見，先把你身上的錢或有價值的物品押一點在我這裡。此時，被騙者若貪圖錢包裡的「鉅款」，自然會採納對方的建議。於是，被騙者就把自己的錢或金銀首飾給了旁邊這個人，換回錢包。而等到僻靜處打開一看，裡面全都是冥紙或其他破紙片。

　　撿錢包分錢法詐騙正是利用人們的貪欲而進行的，自己撿了錢包想占有，別人撿了也想分一杯羹，自然就落入了騙子設計的陷阱。撿錢包分錢術的變種是用金首飾及文物等珍貴物品作為誘餌，對於這些不能分割的物品，要求平分的人就讓被騙者出點錢後獨占這些珍貴物品，而等被騙者清醒後很快就發現，這些珍貴物品都是假的。

二、廉價出售「寶物」法

這是一種利用假珠寶、金元寶或外幣等進行詐騙的方法，騙子假裝由於各種原因所迫，不得不廉價出售這些寶物，而當被騙者買了之後，才發現是假的。

這個騙局的道具一般是假寶石、不值錢的外國錢幣、假冒的珍貴物品，另外，還有銀行等金融機構作為這些物品的鑑定場所，到裡面轉一圈出來或恰逢其時的從裡面走出一個自稱能鑑定這些物品價值的工作人員來，而這些所謂的銀行工作人員都是騙子扮演的。這個騙術的演員需要3名以上，且男女都有。

當被騙者走在街上時，會有一個人（騙子甲）走到他跟前，問他銀行在哪裡，並告訴他，自己有個寶物要送到銀行去鑑定、出售。這時，另一個人（騙子乙）就會碰巧出現，他會仔細端詳甲手中持有的「寶物」，然後會非常肯定的說，此物絕對是寶，並且聲稱自己有親朋好友就是某銀行的工作人員，並熱心的帶他們去鑑別真假。受害人此時完全被眼前這兩個人的表演吸引住了，為了看熱鬧，就會跟著這兩個人去銀行。到銀行門口後，乙會搶先一步到銀行裡「請」出一位身著銀行制服或戴銀行名牌的人（騙子丙），讓他鑑別或拿到銀行內去鑑定此「寶物」的真偽。此人看完「寶物」或拿到銀行鑑定後肯定會說，這「寶物」是真的並且能值很多錢，然後就退回銀行裡去了。

　　經過這一番鋪墊後，被騙者就會相信寶物是真的、很值錢，這時，騙子乙就會假裝和受害人商量，合夥收購騙子甲手中的「寶物」，而騙子甲也會做出樣子，自己急需用錢，只要給點錢，寶物就出售。此時的被騙者早已財迷心竅，想到有錢可賺，就會很容易的把自己的錢拿出來交給騙子甲。來回之後，「寶物」就自然歸了受害人，錢財歸了騙子甲。等受害人拿著所謂的寶物去出售或收藏時，內行的人會告訴他，這些東西純屬不值錢的假貨！

　　這個騙術的變種還有以下幾種：一是把寶物押在被騙者家，被騙者拿一些錢財作擔保。二是把一些不值錢的東西說成價值極高的物品，並編造一個專收這種物品的買家，另一個人勸被騙者低價買來再高價賣出去，而等被騙者收購以後，這些騙子卻趁機溜得無影無蹤。

三、抵押借錢法

　　這是一種花樣翻新的騙人勾當，它用一些貴重物品作抵押來向被騙者借錢借物，詐騙錢財。騙局的道具一般是高級汽車。騙子是穿著體面的「知名人士」的司機。

　　一個從外地來旅遊者或工作的人在街上行走時，忽然聽到一聲招呼：「喂，你好！」當他順著聲音看去，只見一個很體面的人正在拿抹布擦一輛轎車，他停下腳步和這個人打招呼時，擦車者就告訴他：「我是某某名人的司機，有件事想請你幫忙！」

　　受害人不疑有他，很樂意幫助別人。這時，「司機」提出來，自己買東西還差一些錢，請對方借他一點，等等他的老闆回來，立即還錢。被騙者見有汽車在此，沒有不放心的理由，於是傾囊相助，「司機」拿上錢後，一溜煙就沒了人影，被騙者還在車子旁傻等著。等到真正的司機回來開車時，被騙者才知道，好心讓自己上了當。

　　這個騙術的變種是一些街邊堆放的建材或高級商品，騙子首先讓被騙者誤認為這些物品是他的，其實騙子也並不知道這些物品是誰的。然後，以有事急需用錢為由向被騙者借錢，被騙者以為有那些貴重物品作抵押，一般也願意幫助，自然就落入了騙子的圈套。整體來說，假物詐騙的基本步驟如下。

- 第一步：結識。在假物詐騙中，騙子與被騙者基本都不相識，所以，騙子的第一步是要和被騙者結識，基本手法就是透過各種藉口和被騙者搭訕，如問路、找人等等。
- 第二步：亮寶。在與被害人相識後，騙子就會有意或無意的要將充當寶物的替代品如寶石、金條之類的東西亮出來，以勾起被騙者的好奇和欲望。
- 第三步：求證。為了說明這個東西是真的、有價值的，騙子會根據被騙者的心理反應，反覆安排同夥來證明，比如檢測鑑定或同夥購買這種示範效應來說明這個東西是有價值的，值得購買或收藏。

· 第四步：出手。一旦被騙者認可了假物的價值，騙子就會千方百計的讓被害人將假物買走，最顯著特徵，一是找出各種藉口急於出手，如家裡有危重病人急需錢用等；二是其賣出價會遠遠低於其估價，甚至相差數十倍，這中間差價越大，被騙者就會感覺到賺頭越大，購買的欲望就強。而對於騙子來說，這些假物本來就不值錢，多騙一點是一點。

· 第五步：逃遁。騙子將假物出手後的最後及最關鍵的一步就是逃遁。所以，騙子在此時總是會找各種藉口與被騙者分離。最常用的藉口是去領錢，讓被騙者等在某地。因為是騙而不是搶，騙子都會採取一些較為「聰明」的辦法，一般是讓被騙者拿著假物，使其覺得心裡踏實，麻痺其意志，死心塌地乾等，騙子卻趁機從別的通道從從容容的開溜了。

愛情面前睜大眼

小霞是 B 城某高中的一名女教師，長得如花似玉。某日小霞無事上網聊天，認識了一個叫「雪峰」的網友，兩人聊得頗為投機。因為平時上網機會不多，涉世不深的小霞毫無隱瞞的將自己的真實情況告訴了「雪峰」。

「雪峰」的自我介紹則讓芳齡 25 歲的小霞怦然心動。「雪峰」自稱是 30 歲，做印刷書本、教材生意，一年能賺幾十萬，而且在教育體系也有「門路」。此後，兩人又聊過幾次，進一

步加深了相互了解。

　　3 個月後，「雪峰」告訴小霞，他在 A 城的生意很好，想到 B 城擴展業務。一個星期六的下午，兩人約定在一家網咖見面，小霞看了「雪峰」的身分證，得知「雪峰」原來名叫尤國放，隨後，兩人便在一起散步，在咖啡廳開聊一陣子後，感情便開始升溫。

　　在此後的幾個月裡，兩人多次見面，一起上網、散步、聊天，尤國放不失時機，頻頻向小霞示愛，並稱要娶小霞為妻，年輕的小霞沉醉在幸福之中。

　　在騙取小霞的感情後，尤國放開始了騙局。一天，尤國放打電話告訴小霞，謊稱自己的錢被盜，要向她借 5 萬元急用；1 個月後，尤國放又一次打電話給小霞，謊稱自己做生意須繼續用錢，向小霞再借了 5 萬元。

　　隨著兩人交往的加深，小霞發覺尤國放並不如想像中的那樣好，因性格不合，兩人感情也產生裂痕，小霞不想再與尤來往，於是向尤提出分手。

　　尤國放聽後卻不甘心，多次打電話給小霞，哀求她「不要分手」，但小霞心意已決，不予理睬。尤乾脆寄給小霞一封恐嚇信，小霞收到後當即嚇出一身冷汗。在信中，尤國放稱兩人若不再來往，就要小霞賠他 10 萬元損失費，限小霞 4 天內將款項匯到他指定的帳戶。尤威脅稱，小霞如不照辦，他將在小霞的住處和學校等地方公布兩人發生性關係的事實，毀壞小霞的

名聲。小霞只好報警。

警察將尤國放當場抓獲。而經審查，尤國放只不過是個無業者，家裡不僅有妻子，並育有兩個兒子，根本不是小霞眼中的有錢人。

其實許多騙子的騙術並不高明，有些騙術甚至很笨拙，一捅即破，但為什麼總有人會上當受騙呢？追根究柢，是受騙者在被騙色騙錢之前，先被騙子騙走了心。當然，防範被騙的措施也有多種，但最根本的還是「輕信」兩個字。

騙色謀財，一般是先騙色、後謀財。因騙子和被騙者會因各種因素而產生感情，所以兩者之間容易產生信任。而正在交友、求偶的男男女女一定要注意：口若懸河、向你輕易許諾的人千萬別相信，那是要博得你的歡心；行為詭祕、居無定所的人千萬別理睬，你不明他的底細；大事小事都要你掏腰包的人千萬要當心，那是要占你的便宜；與你門不當戶不對的、「身分」懸殊的人千萬別去攀，那一定是另有所圖；當你摸不清他人的真實身分時千萬別以身相許，一旦過了這條線你就不能自拔了；徵婚廣告、邪教歪理千萬別信奉，因為如果一個人在其社交圈內找不到朋友，他一定是有某些缺點不為人所接受；在你面前輕易「訴苦」、透露「家世」的人千萬不可交，同情下產生的愛情不長久；違反常規、行為舉止與其「身分」不相符的人千萬要警惕，這人一定有陰謀；向你故意稱能顯富的人千萬要注

意，那是為了吊起你的胃口，勾起你的欲望；當有陌生人藉口向你借錢時千萬不能給，圖謀錢財正是騙局的最終目的。

花花綠綠的廣告黑洞

隨手翻開市面上的雜誌，各種「邀你共創大業」之類的資訊比比皆是。然而，這些花花綠綠的廣告可信度有多少呢？在閱讀此類資訊時，一定要慎之又慎。以下介紹一些常見的所謂「致富」門道，它們的共同特徵是詐騙錢財。

一、免費供應技術

近年來，不斷有「免費供應」的廣告見之於報端，當你去電、去信聯絡後，他們不是要郵寄包裝費，就是要技術合作費或是合作公證費。當你把錢寄去後，有的要麼寄來一些所謂的資料，有的甚至音訊全無。他們打著「免費供應技術」的招牌，誤導、誘騙人們購買。

二、高價回收

打著×××藥材研究所、××藥材市場的招牌，銷售藥材的種子種苗，一些價格下滑的品種在廣告中肆意吹噓，聲稱是市場急缺的藥材，並且廣告故意給人一種模糊不清的概念，說每畝產值多少萬。這種情況下，那些不懂藥材行情又致富心切的人肯定會為之怦然心動。還有將一些對環境及栽培技術有較

嚴格要求的品種，一律說成南北皆宜、易管理。他們打著「高價回收」等幌子，騙取人們的種子種苗錢。

三、來料加工

以支付高報酬的加工費及回收產品為誘餌，以達到收加工管理費、騙取押金的目的。廣告稱只要繳交保證金，就可免費領料組裝、回收產品，讓你獲取豐厚的組裝費。當你交付保證金、領料組裝完產品送交時，廣告主常以組裝不合格為由拒收，目的是騙你幾千元的保證金。

四、聯營開工廠

有些「廠家」在報刊上刊登所謂免費供料的廣告，如尋求聯營加工手套和服裝的廣告稱只要購買他們的加工機械、交押金免費領料加工，廠方負責回收，你就可以獲得高額的加工費。而結果並非如此。當你購買他們的機械，交押金領料加工完產品送交時，廠方也會以不合格拒收，或廠家搬到異地他鄉，不知去向。這些尋求聯營加工的廣告，目的是出售他們的劣質機械和騙取押金，使受騙者血本無歸。

五、收藏品回收

有些廣告主大肆吹噓收購古錢幣等物可致富，如按照他們的建議收購古錢幣，可收到許多價值幾千元至幾萬元的古錢，再送到古錢幣交易市場中出售，你就能成為富翁。這是一個表面鋪滿

鮮花的陷阱，廣告主打著「長期收購古錢、紀念徽章、紙幣、硬幣等」的幌子，只不過是吸引人花高價去購買他的相關商品。

六、特種養殖

許多不法廣告商利用農民資訊不靈和致富心切等心理，以簽合約、法律公證、保證回收為幌子，將一些當前尚未形成市場的動物品種四處傾銷。然後利用特種動物長大到繁殖的時間差、價格差，短時間內加大放種量，壓縮回收數目，見時機成熟便攜款潛逃，使合約變為廢紙。更甚者在售種時極不負責任，例如，把牛蛙當進口蛙出售或者把商品蛙當成種蛙出售等等。

七、轉讓「專利」

有人為了騙取所謂的技術轉讓費，專門提供一些不成熟、虛假、無實用價值的技術，並稱已獲專利，還能出具專利編號。比如有人利用這些所謂技術生產洗衣粉，可生產的產品始終無法達到洗滌的標準；如按專利編號去查詢，就會發現純屬烏有。

八、誇大事實

有的廣告誇大事實，光說優點，不提缺點，還時常打著「高科技」、「進口」、「最新品種」等幌子迷惑人，大講效益。如利用農民求新求異追求高產的心理，出售一些未經審批的農

作物品種。其實，這些所謂的「超高產」、「新特優」都是售種者自定的「名牌」。

九、掛羊頭賣狗肉

　　一些本來很平常或已被淘汰的種子到了那些所謂的「良種公司」、「研究所」手中便被吹捧成最新、最好的良種，往往張冠李戴，用普通的品種冒充新育成的珍品，實在是令引種者哭笑不得。

十、創業合作

　　近年來，許多形形色色的創業合作專案在許多媒體的廣告上頻頻出現，這些供應單位全都聲稱承擔著生產工藝、配方技術轉讓、人員操作培訓的重任，有的還提供市場行銷方案、設立分廠使用商標的手續⋯⋯真可謂服務到家。不可否認，有些是正規廠家推銷，然而魚目混珠、大吹其性能者也不乏其人，因此我們要睜大眼睛，從實際出發，慎重考察，切不可盲目從之。

　　當然，不可否認，廣告中也有一些真正能幫助人們致富的資訊。

　　在看到廣告之後，最好做到「有懷疑，就走人」，千萬不要輕易將錢交給對方。給了錢，也應保管好收款證明。若發覺上當，即找相關部門，有時找當地警察局也能解決問題。這類

冒牌公司一般都是在當地相關部門及警察局「掛號」多次的單位，不需要多大的周折，你就可以索回自己的利益。

偽裝的誠實最難看透

許多人以為詐騙者是一群花言巧語的人，他們以天花亂墜的諾言和天馬行空的故事誤導別人，其實，這是江湖郎中的做法，最厲害的騙子會利用樸拙、不顯眼的外表讓人們疏於防範。他們知道誇大的言詞與舉止會引起懷疑，於是他們用習以為常、平庸無害的手法掩藏他們的特徵。

有兩種人善於預見危險，一種是因為自己付出過代價，從而吸取了教訓；另一類更聰明的人透過觀察別人而學到許多實戰經驗。

1926 年的某一天，一名衣履華貴的高大男子拜訪美國當時最令人畏懼的黑社會老大卡彭（Alphonse Gabriel Capone）。他操著優雅的歐洲口音，介紹自己是魯斯提伯爵。他向卡彭打包票，只要給他 5 萬美金，2 個月內就可以賺到雙倍的錢，卡彭可以拿出來投資的資金雖然很多，但是他不習慣將一大筆資金委託給一個完全陌生的人。

他看這個男士有點與眾不同，有高人一等的風度與舉止，於是決定賭一把。他親自將鈔票交給魯斯提。

「沒有問題，伯爵，」卡彭說，「我相信你所說的，能在 60

天內將錢變成雙倍。」魯斯提帶著錢離開了，並將錢放入芝加哥一個銀行的保險箱裡，然後前往紐約，在那裡他還有好幾個賺錢計畫在進行。

5 萬美元放在保險箱裡，分文未動，魯斯提並未努力讓錢加倍。2 個月之後他回到芝加哥，從保險箱裡拿出錢，再度拜訪卡彭。他注視著黑幫老大身旁表情木然的保鏢，抱歉的笑著說：「請接受我最深的歉意，卡彭先生，我很遺憾告訴你，計畫失敗……我失敗了。」

卡彭慢慢站起身來，怒目注視魯斯提，考慮是要把他丟到河裡去，還是吊死他。然而伯爵伸手從外套口袋裡掏出 5 萬美金，放在桌子上。「這是你的錢，先生，分文不少。但事情不像我想得那麼順利，我真希望可以為你也為自己賺進雙倍的錢，天知道我多麼需要錢，但是這項計畫就是賺不了錢。」

卡彭跌坐回椅子，非常困惑。「我知道你是個騙子，伯爵，」卡彭說，「你一走進來就十分清楚，我期待的是 10 萬美金，要不就兩手空空。但是這樣……」

「我再次道歉，卡彭先生。」魯斯提說，然後他拿起帽子，準備離去。

「我的天！你真誠實！」卡彭大叫，「如果你有困難，我給你 5,000 元幫助你。」他從 5 萬美金中取出 5 張 1,000 元的鈔票。伯爵似乎愣住了，深深一鞠躬，喃喃道歉不已，然後帶著錢離開了。

這 5,000 元正是魯斯提一開始覬覦的目標！

魯斯提伯爵能夠說好幾種語言，並且以自己良好的教養、翩翩風度為傲。他是現代最高明的騙術家之一，以大膽無畏、厚顏無恥而聞名。最重要的是，他對人的心理瞭若指掌，他可以在幾分鐘內看透一個人，發現他的弱點，他非常善於偵測出容易上當受騙的「冤大頭」。魯斯提明白大部分人都會防範騙子和惹麻煩的人，騙術家的工作就是解除這些人的防衛心理。

魯斯提利用誠實解除了卡彭的武裝，因為他的行為大出卡彭意料。每個騙術家都喜歡營造這種衝突，因為陷入矛盾情緒的人很容易受到誘惑和欺騙。而現今的社會中，這樣的騙局依然存在，初入社會的你，千萬不要被那些偽裝的誠實欺騙而落入陷阱。

電子書購買

國家圖書館出版品預行編目資料

瞄準靶心再扣扳機！說話看場合，做事看時機，成敗看選擇，打造一雙勝利者的火眼金睛 / 李祐元，劉清明編著 . -- 第一版 . -- 臺北市：崧燁文化事業有限公司 , 2022.10
　　面；　　公分
POD 版
ISBN 978-626-332-777-1(平裝)
1.CST: 成功法 2.CST: 生活指導
177.2　　　111014985

瞄準靶心再扣扳機！說話看場合，做事看時機，成敗看選擇，打造一雙勝利者的火眼金睛

臉書

編　　　著：李祐元，劉清明
發 行 人：黃振庭
出 版 者：崧燁文化事業有限公司
發 行 者：崧燁文化事業有限公司
E - m a i l：sonbookservice@gmail.com
粉 絲 頁：https://www.facebook.com/sonbookss/
網　　　址：https://sonbook.net/
地　　　址：台北市中正區重慶南路一段六十一號八樓 815 室
Rm. 815, 8F., No.61, Sec. 1, Chongqing S. Rd., Zhongzheng Dist., Taipei City 100, Taiwan
電　　　話：(02) 2370-3310　　傳　　　真：(02) 2388-1990
印　　　刷：京峯彩色印刷有限公司（京峰數位）
律師顧問：廣華律師事務所 張珮琦律師

定　　　價：399 元
發行日期：2022 年 10 月第一版
◎本書以 POD 印製